OH!

LA TERRE

COMMENT ACCÉDER AU SITE INTERNET DU LIVRE

1 - SE CONNECTER
Tapez l'adresse du site dans votre navigateur puis laissez-vous guider jusqu'au livre qui vous intéresse : http://www.decouvertes-gallimard-jeunesse.fr/9+
Retrouvez le site de votre livre dans le menu déroulant « Les encyclopédies ».

2 - CHOISIR UN MOT CLÉ DANS LE LIVRE ET LE SAISIR SUR LE SITE
Vous ne pouvez utiliser que les mots clés du livre (inscrits dans les puces grises) pour faire une recherche.

3 - CLIQUER SUR LE LIEN CHOISI
Pour chaque mot clé du livre, une sélection de liens Internet vous est proposée par notre site.

4 - TÉLÉCHARGER DES IMAGES
Une galerie de photos est accessible sur notre site pour ce livre. Vous pouvez y télécharger des images libres de droits pour un usage personnel et non commercial.

IMPORTANT :
- Demandez toujours la permission à un adulte avant de vous connecter au réseau Internet.
- Ne donnez jamais d'informations sur vous.
- Ne donnez jamais rendez-vous à quelqu'un que vous avez rencontré sur Internet.
- Si un site vous demande de vous inscrire avec votre nom et votre adresse e-mail, demandez d'abord la permission à un adulte.
- Ne répondez jamais aux messages d'un inconnu, parlez-en à un adulte.

NOTE AUX PARENTS : Gallimard Jeunesse vérifie et met à jour régulièrement les liens sélectionnés, leur contenu peut cependant changer. Gallimard Jeunesse ne peut être tenu pour responsable que du contenu de son propre site. Nous recommandons que les enfants utilisent Internet en présence d'un adulte, ne fréquentent pas les *chats* et utilisent un ordinateur équipé d'un filtre pour éviter les sites non recommandables.

POUR L'ÉDITION ORIGINALE

Pour Tall Tree Ltd
Éditeurs Rob Colson, David John, Jon Richards
Maquettistes Ben Ruocco, Ed Simkins, Jonathan Vipond
Pour Dorling Kindersley
Responsable éditorial Victoria Heyworth-Dunne
Responsable artistique Smiljka Surla
Retouche photographique Steve Willis
Iconographe Nic Dean
Iconothèque Claire Bowers, Emma Shepherd
Fabrication Hitesh Patel
Suivi de fabrication Angela Graef
Directrice de création Sophia M Tampakopoulos Turner

Directrice éditoriale Linda Esposito
Directrice artistique Diane Thistlethwaite
Responsable éditorial Andrew Macintyre
Directrice de collection Laura Buller

Auteur John Woodward
Conseiller Kim Bryan

POUR L'ÉDITION FRANÇAISE

Responsable éditorial Thomas Dartige
Édition Éric Pierrat
Édition et PAO Bruno Porlier
Traduction Bruno Porlier
Correction Dominique Maurel-Mojal
Maquette de couverture Alex Viougeas
Photogravure de couverture SCAN+

Édition originale parue sous le titre : *WOW! EARTH*

ISBN 978-2-07-062847-6

Dépôt légal : mars 2010
N° d'édition : 170170
Loi n° 49-956 du 16 juillet 1949
sur les publications destinées à la jeunesse.

La présente édition ne peut être vendue au Canada.

Imprimé en Chine par Leo Paper Products

OH! LA TERRE

LES YEUX DE LA DÉCOUVERTE

GALLIMARD JEUNESSE

4

Les milieux naturels 94

5

L'impact des hommes 112

Sommaire

ÉCLAIRS VOLCANIQUES
Des éclairs déchirent le panache de cendres volcaniques émis par le volcan chilien Chaiten lors d'une éruption. Ce spectacle dantesque révèle les forces titanesques à l'œuvre sur notre planète, qui la remodèlent sans cesse.

La planète Terre

Notre galaxie

L'Univers contient au moins 100 milliards de galaxies, chacune renfermant des milliards d'étoiles. Notre galaxie, la Voie lactée, en compte entre 200 et 400 milliards ; ce sont les étoiles que nous voyons dans le ciel nocturne, auxquelles s'ajoutent d'immenses nuages de gaz et de poussières dont certains abritent de nouvelles étoiles en formation. La Voie lactée est un disque aplati avec un renflement central et des bras spiralés. Notre Soleil est une étoile de taille moyenne située dans l'un des bras spiralés à peu près aux deux tiers du rayon galactique. Depuis la Terre, nous voyons la Voie lactée par la tranche, et sa région la plus dense vers le centre de la Galaxie nous apparaît comme une bande laiteuse en travers du ciel nocturne.

❶ GAZ ET POUSSIÈRES
Les étoiles produisent de l'énergie par fusion nucléaire, transformant des éléments légers en éléments plus lourds. Les étoiles les plus grosses renferment bon nombre des éléments qui constitueront de nouvelles étoiles, de nouvelles planètes, ainsi que la vie telle qu'on la connaît sur Terre. Ces éléments sont dispersés dans l'espace lorsque les étoiles explosent, formant des nuages de gaz et de poussières.

❷ LES BRAS SPIRALÉS
La Voie lactée présente une structure spiralée. Les bras qui s'enroulent autour du renflement central sont constitués de jeunes étoiles bleues brillantes, d'autres un peu plus vieilles et plus blanches, ainsi que de nuages de gaz et de poussières. Les étoiles figurant entre les bras sont moins brillantes. Toutes sont en orbite autour du renflement central. Chacune suit sa propre trajectoire et met des centaines de millions d'années à effectuer une révolution complète.

❸ DES PÉPINIÈRES D'ÉTOILES
Sur l'image, les taches roses marquent les régions où des étoiles sont en formation au sein de nuages d'hydrogène interstellaires. En certains points de ces nuages, la matière commence à s'agréger, formant une boule de gaz plus dense. Sous l'effet de la gravité, elle attire de plus en plus de gaz, formant une masse de plus en plus dense et chaude. Finalement, une réaction de fusion nucléaire se déclenche qui transforme l'hydrogène en hélium et irradie de l'énergie. Ainsi naissent de nouvelles étoiles.

4 UNE ÉTOILE BLEUE ET CHAUDE

Comme l'acier que l'on chauffe, les étoiles émettent de la couleur. Certaines brillent rouge ; d'autres, plus chaudes, brillent jaune, comme notre Soleil. D'autres encore plus chaudes, brillent blanc, mais les plus chaudes et les plus brillantes émettent une intense lumière bleue. En vieillissant, elles refroidissent et changent de couleur. La plupart finissent par enfler pour former des géantes rouges constituées de gaz en dispersion. Certaines parmi les plus grosses finissent leur vie en explosions gigantesques appelées supernovae.

5 LE SYSTÈME SOLAIRE

Le Soleil est une boule de gaz chaud fonctionnant comme un réacteur à fusion nucléaire. Dans son noyau, les atomes d'hydrogène sont contraints de s'apparier pour former des atomes d'hélium, et ce phénomène libère d'énormes quantités d'énergie, qui se manifestent sous forme de lumière et de chaleur. Les résidus de gaz et de poussières résultant de la création du Soleil il y a 4,6 milliards d'années, se sont assemblés pour former les planètes, les astéroïdes et les comètes qui constituent le Système solaire.

6 LE RENFLEMENT CENTRAL

Le centre de la Galaxie est rempli d'étoiles irradiant une lumière jaune ou rouge. Cela indique qu'elles sont plus froides et plus vieilles que les étoiles bleues, blanches ou jaune pâle figurant dans les bras spiraux. Ces étoiles anciennes forment le vaste renflement central du disque galactique, que nous voyons depuis la Terre comme la région la plus lumineuse de la Voie lactée. Le renflement contient aussi d'énormes quantités de gaz formant un anneau autour du centre.

7 LE TROU NOIR CENTRAL

Au cœur du renflement central, figure un trou noir supermassif. Les trous noirs ont une attraction gravitationnelle si intense, que rien ne peut leur échapper, même pas la lumière. La plupart sont formés par l'effondrement d'une étoile géante après sa mort, mais un trou noir supermassif est formé par l'effondrement d'un grand nombre d'étoiles, qui sont aspirées vers le trou noir comme de l'eau dans le tourbillon d'un évacuateur. La violence de ce phénomène provoque, dans la région qui l'entoure, l'émission d'une énergie intense qui fait qu'elle émet une lumière d'un blanc brillant.

8 LA MATIÈRE NOIRE

Selon les lois de la physique, la cohésion des galaxies et leurs mouvements sont régis par la gravité des éléments qu'elles contiennent. Pourtant, la matière que l'on y décèle (les étoiles, les gaz, les poussières, les planètes), ne suffit pas à expliquer le comportement des galaxies entre elles tel qu'on l'observe. Il doit donc exister, dans l'espace apparemment vide, quelque chose d'autre qui intervient dans le processus. Les astronomes l'appellent la matière noire. Ils n'en connaissent pas la nature, mais pensent qu'elle constitue 23 % de l'Univers.

LA VOIE LACTÉE

3 Cette illustration montre la Voie lactée, notre galaxie telle qu'elle apparaîtrait à un voyageur de l'espace approchant par le dessus son énorme disque en rotation. Bien que nous ne puissions voir notre galaxie sous cet angle depuis la Terre, nous savons qu'elle a cette forme, en partie grâce aux télescopes qui révèlent beaucoup d'autres galaxies similaires dans l'espace.

Le Système solaire

Le Soleil est une énorme boule de gaz brûlant apparue il y a environ 4,6 milliards d'années à partir d'un nuage de gaz et de poussières en rotation. Une partie des matériaux qui le composaient s'en écartèrent pour former un disque en rotation. Ce dernier finit par se dissocier et s'agréger en masses distinctes, constituant les planètes en orbite autour du Soleil. Les quatre petites planètes internes sont rocheuses (ou telluriques). Les planètes externes, beaucoup plus grosses, sont essentiellement composées de gaz et de glace, mais possèdent de nombreux satellites rocheux. Il existe aussi quelques planètes naines et des milliards de petits astéroïdes rocheux.

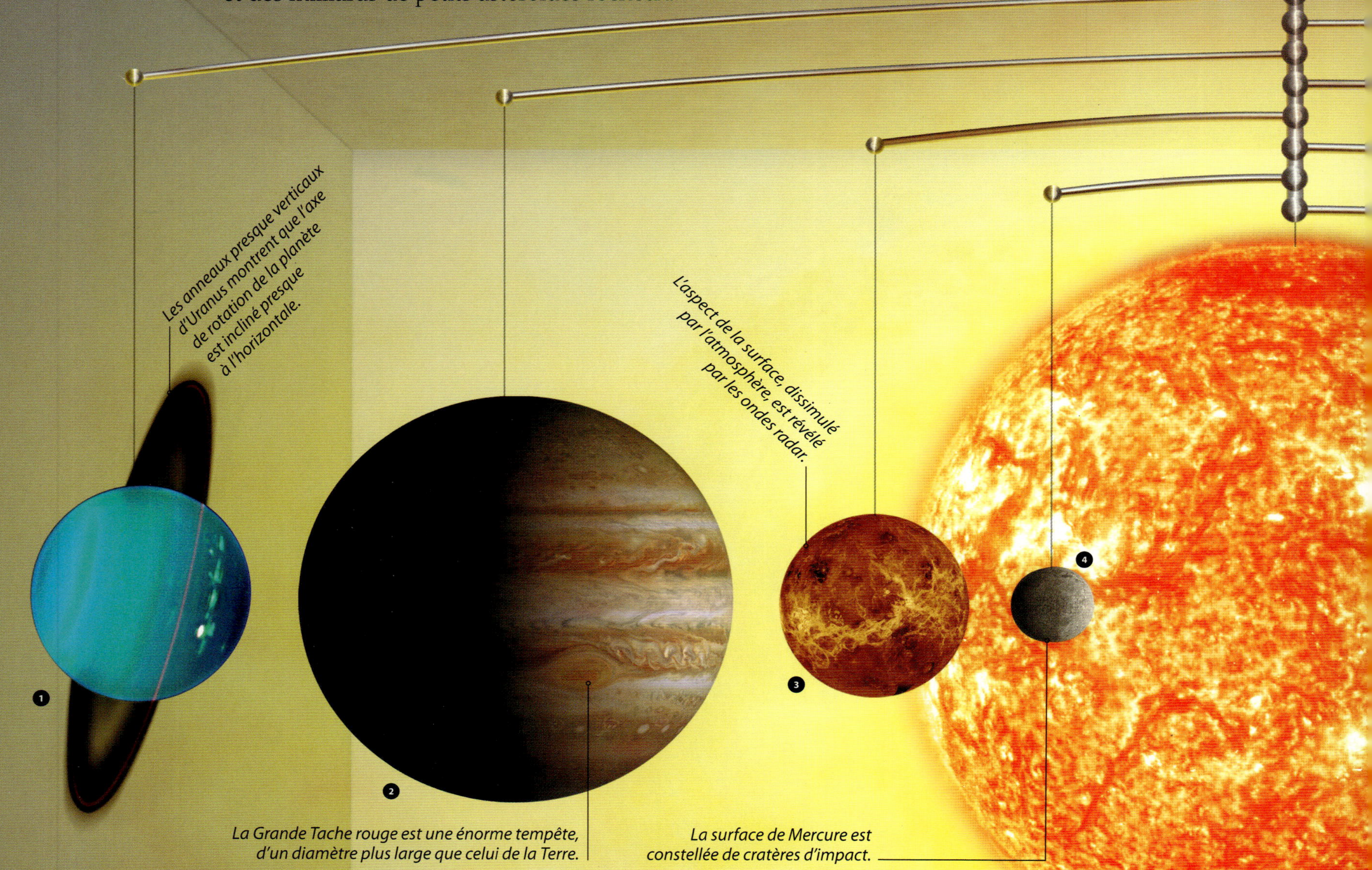

❶ URANUS

Monde lointain et froid, Uranus est composée essentiellement de glace d'eau et de gaz gelés tels que le méthane et l'ammoniac. Elle possède néanmoins un noyau rocheux et une atmosphère riche en hydrogène. Elle compte 27 satellites en orbite autour d'elle, ainsi qu'un anneau de particules de poussière. Mais parce qu'Uranus est en rotation sur un axe très penché, ces anneaux apparaissent presque verticaux.

❷ JUPITER

Cinquième planète à partir du Soleil, Jupiter est plus de deux fois plus grosse que toutes les autres planètes réunies. Son noyau rocheux est entouré d'épaisses couches d'hydrogène et d'hélium gazeux formant des courants ascendants et descendants qui dessinent des bandes tournoyantes et colorées. Cette géante gazeuse possède 63 satellites, dont quatre sont facilement visibles depuis la Terre avec un télescope.

❸ VÉNUS

D'une taille similaire à celle de la Terre mais située sur une orbite plus proche du Soleil, Vénus est une planète rocheuse ponctuée de volcans géants éteints. Sa surface est cachée par une épaisse atmosphère nuageuse riche en dioxyde de carbone. Celui-ci piège la chaleur, faisant de Vénus la planète la plus chaude, avec une température de surface de 464 °C : c'est assez pour faire fondre le plomb.

❹ MERCURE

C'est la plus petite des planètes internes et la plus proche du Soleil. Sa surface rocheuse est couverte de cratères et elle possède une mince atmosphère. La température régnant à sa surface atteint 430 °C le jour. La nuit, toute cette chaleur s'échappe et la température tombe à –180 °C.

5 LE SOLEIL

Le Soleil est une boule d'hydrogène et d'hélium en rotation. Ces deux gaz sont les substances les plus légères de l'Univers mais en dépit de cela, le Soleil représente 99 % de la masse du Système solaire. L'essentiel de ces gaz est concentré dans son noyau, où l'hydrogène est transformé en hélium par une réaction de fusion nucléaire, processus qui génère toute l'énergie de notre étoile.

6 LA TERRE

La plus grosse de toutes les planètes telluriques internes, la Terre est la seule abritant de grandes quantités d'eau liquide qui permet à la vie d'y prospérer. L'une des raisons est que l'atmosphère terrestre agit comme un couvercle, maintenant la planète suffisamment chaude pour empêcher l'eau de geler. L'essentiel de cette eau forme de vastes océans couvrant près des deux tiers de la planète.

7 MARS

D'un diamètre deux fois plus petit que celui de la Terre, plus éloignée du Soleil, Mars est un monde froid et sec fait de roches rougeâtres. Son atmosphère, ténue, composée surtout de dioxyde de carbone, était plus dense il y a 3 milliards d'années, et maintenait la planète assez chaude pour que de l'eau s'écoule en rivières à sa surface. Presque toute cette eau est aujourd'hui transformée en glace.

8 SATURNE

Cernée de ses anneaux, Saturne est une géante gazeuse au noyau de roches et de glace, comptant au moins 60 petits satellites. Seconde par la taille après Jupiter, elle est, comme cette dernière, surtout composée d'hydrogène et d'hélium. Mais toutes deux sont trop petites pour que leur gravité déclenche les réactions nucléaires qui en auraient fait des étoiles.

9 NEPTUNE

La plus distante du Soleil des huit planètes est très semblable à sa voisine Uranus : une boule géante d'eau glacée, de méthane et d'ammoniac avec un noyau rocheux. Neptune est si éloignée du Soleil qu'elle met 165 ans pour en faire le tour complet, et que sa température de surface est d'environ – 200 °C. Elle a un gros satellite, Triton, et douze autres beaucoup plus petits.

Astéroïdes, météorites et comètes

Outre les planètes, qui sont des corps célestes de grande taille, le Système solaire compte des milliards d'objets plus petits en orbite. Beaucoup sont des blocs de roches, de fer et de nickel, rebuts de la formation des planètes. Ce sont notamment les astéroïdes, qui gravitent principalement entre Mars et Jupiter. Il y a aussi les comètes, ces gros morceaux de glace et de poussières qui reviennent périodiquement vers le Soleil avant de disparaître vers les confins du Système solaire. Des morceaux plus petits de roches et de glace traversent le ciel terrestre, formant les météores, ou étoiles filantes. Quelques fragments atteignent parfois la surface de la Terre, constituant alors des météorites.

Astéroïde

▼ LES ASTÉROÏDES

La ceinture d'astéroïdes, située entre les orbites de Mars et de Jupiter, en contient un grand nombre. La plupart sont trop petits pour avoir des noms, mais quelques-uns, comme Gaspra et Ida, sont assez gros pour avoir été photographiés par des sondes spatiales. Certains astéroïdes gravitent hors de la ceinture principale, notamment Éros, qui passe à 22 millions de kilomètres de la Terre.

CRATÈRES D'IMPACT ▶

Ce cratère situé en Arizona, aux États-Unis, est l'un des quelque 170 impacts similaires découverts sur Terre. Créé par la chute d'un astéroïde il y environ 50 000 ans, il mesure 1,2 km de diamètre. La collision a dû provoquer une colossale explosion, tuant tout dans la région. Fort heureusement, les gros impacts de ce type sont très rares. Le dernier s'est produit en 1908, lorsqu'un astéroïde explosa en altitude au-dessus de la Tunguska, une région reculée de la Sibérie.

▲ LES COMÈTES

Le nuage d'Oort, situé au-delà de l'orbite de Neptune, est composé de milliards de comètes. L'un de ces corps glacés s'approche parfois du Soleil, dont le rayonnement provoque la formation de deux longues queues, l'une de gaz, l'autre de poussières, brillant dans le ciel nocturne. Après quelques semaines, la comète s'éloigne et disparaît. Certaines reviennent périodiquement, telle la comète de Halley (ci-dessus), tous les 76 ans.

▼ DES PLUIES D'ÉTOILES FILANTES

Les particules qui, attirées par la gravité de la Terre, traversent l'atmosphère, sont chauffées à blanc par le frottement de l'air et tracent de brèves raies lumineuses dans le ciel nocturne : ce sont des météores, ou étoiles filantes. La plupart brûlent totalement en plein ciel ; parfois, des fragments appelés météorites touchent la surface terrestre. Des pluies de météores se produisent chaque année lorsque la Terre traverse les traînées de poussières laissées par les comètes.

▲ JUPITER LA PROTECTRICE

De nombreux astéroïdes et comètes qui pourraient heurter la Terre sont déviés de leur trajectoire par l'attraction gravitationnelle de Jupiter. Cela nous a probablement sauvés de nombreux impacts catastrophiques dans le passé. En 1994, les scientifiques observèrent en direct (ci-dessus) les fragments de la comète Shoemaker-Levy 9 heurtant la planète géante et provoquant une série d'énormes cicatrices – certaines aussi larges que la Terre – dans son atmosphère.

Fragment de météorite

LES MÉTÉORITES ▶

Des milliers de météorites heurtent la Terre chaque année, mais très peu sont assez grosses pour présenter un danger. La plupart sont rocheuses, mais certaines sont en grande partie composées de fer ou – plus rarement – d'un mélange de roches et de fer. Beaucoup sont des fragments d'astéroïdes, certaines étant composées des matériaux qui constituèrent les planètes. Quelques-unes, comme la météorite de Nakhla, ont été expulsées de la surface de Mars lors d'impacts, d'autres viennent de la Lune.

Météorite de Nakhla (Mars)

Météorite Sayh al Uhaymir 008 (Mars)

La Lune

La Lune s'est formée il y a environ 4,5 milliards d'années, lorsqu'un corps de la taille de la planète Mars est venu heurter la jeune Terre. Sous le choc, une partie du manteau rocheux de la Terre entra en fusion et fut éjectée vers l'espace où elle s'agrégea avec les débris de la collision pour former la Lune. Contrairement à la Terre, la Lune ne possède pas de lourd noyau ferreux. C'est pourquoi sa gravité est insuffisante pour retenir une atmosphère. Elle parvient toutefois à attirer les astéroïdes, dont les impacts ont laissé à sa surface une multitude de cratères. C'est un monde sec et stérile, très différent de celui de sa plus proche voisine.

▼ PARTENAIRES DE L'ESPACE

La Lune est maintenue captive sur son orbite terrestre par la gravité de notre planète, qui l'empêche d'aller se perdre dans l'espace. Mais la Lune exerce aussi une force gravitationnelle qui agit notamment sur l'eau des océans de la Terre, provoquant le phénomène des marées.

▼ LES PAYSAGES LUNAIRES

La surface de la Lune est couverte de poussières et de roches éjectées des cratères d'impact lors de la chute d'astéroïdes au cours des 750 premiers millions d'années de son histoire. Les plus grands cratères ont plus de 150 km de diamètre et leurs bordures constituent les reliefs lunaires, de teinte claire. Les « mers », plus foncées, sont d'immenses cratères qui furent jadis inondés de roche volcanique en fusion.

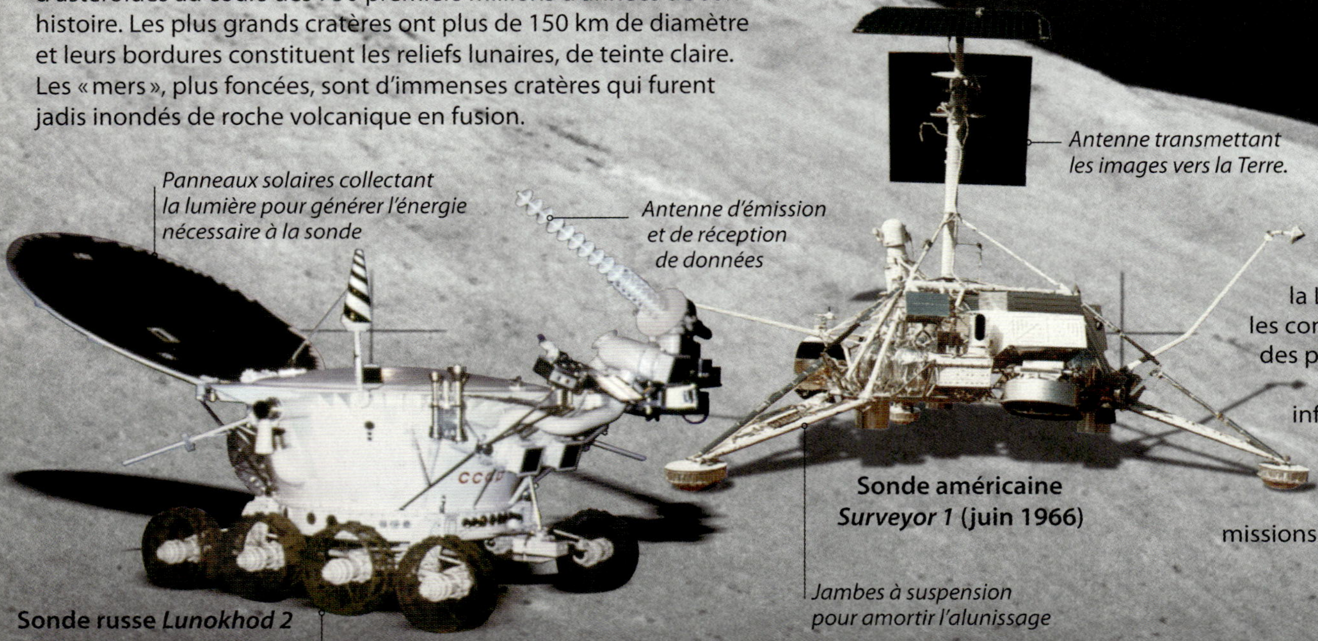

Sonde russe *Lunokhod 2* (janvier 1973)

Sonde américaine *Surveyor 1* (juin 1966)

◄ LES SONDES LUNAIRES

Les premières sondes envoyées vers la Lune étaient des robots qui analysaient les conditions régnant à sa surface, prenaient des photos et envoyaient par radio à la Terre les données collectées. Toutes ces informations se sont révélées essentielles à la sécurité des premiers astronautes qui visitèrent la Lune vers la fin des années 1960. Depuis, d'autres missions inhabitées ont fourni un abondant flot de données concernant notre satellite.

▼ LES ROCHES LUNAIRES

Les rochers qui parsèment la Lune sont composés de roches très anciennes à l'échelle géologique. Les roches claires ont 4,5 milliards d'années – le même âge que la Lune elle-même – et les laves sombres qui remplissent les plus grands cratères ont au moins 3,2 milliards d'années. En fait, mis à part quelques impacts d'astéroïdes, toute activité géologique sur la Lune s'est interrompue il y a très longtemps.

Rocher retombé après avoir été éjecté d'un cratère

Apollo 11 Les premiers hommes à poser le pied sur la Lune furent Neil Armstrong et Buzz Aldrin, le 20 juillet 1969. Ils passèrent un peu plus de 21 heures à sa surface.

LES MISSIONS LUNAIRES

En 1969, les États-Unis lançaient vers la Lune la première mission habitée du programme Apollo. Six missions similaires devaient suivre, dont une seule connut l'échec, et douze astronautes au total ont posé le pied sur la Lune.

SUR LA LUNE

Il n'y a pas d'air sur la Lune, aucune atmosphère pour créer un ciel clair et adoucir la dure lumière du Soleil. La température peut s'élever à 120 °C en pleine lumière et tomber à – 150 °C dans la pénombre parce qu'aucune couche atmosphérique n'est là pour empêcher la chaleur de s'échapper dans l'espace. La Lune mettant 27,3 jours pour effectuer un tour complet sur elle-même, les journées y durent plus de 230 heures, suivies de nuits de la même durée.

LES PHASES

La Lune met près de 4 semaines pour faire un tour complet de la Terre, et le même temps pour faire un tour complet sur elle-même. De ce fait, elle nous présente toujours la même face. Le Soleil éclairant diverses parties de la face visible crée les phases de la Lune.

Nouvelle lune

Croissant descendant

Dernier quartier

Lune gibbeuse décroissante

Pleine lune

Lune gibbeuse croissante

Premier quartier

Croissant ascendant

Le scaphandre protège les astronautes de l'intense rayonnement solaire.

Lune

Apollo 12 Première mission à emporter des instruments scientifiques sur la Lune. Un sismographe et un magnétomètre furent laissés sur place.

Apollo 13 Une explosion dans le module de service empêcha la mission de se poser sur la Lune, mais l'équipage parvint à revenir sur Terre sain et sauf.

Apollo 14 Cette mission se posa dans une région vallonnée de la Lune en février 1971. Elle était commandée par Alan Shepard, qui avait été le premier Américain dans l'espace.

Apollo 15 Posé sur la Lune en juillet 1971, l'équipage emportait un véhicule lunaire qui lui permit d'explorer une surface plus vaste.

Apollo 16 En avril 1972, cette mission utilisa aussi un véhicule lunaire pour explorer les reliefs du cratère Descartes et mener des expériences.

Apollo 17 Dernière mission Apollo, en décembre 1972, elle embarquait le seul scientifique à avoir visité la Lune : le géologue Harrison Schmitt.

La jeunesse de la Terre

La Terre s'est formée à partir de morceaux de roches et de poussières en orbite autour du tout jeune Soleil. S'attirant les uns les autres sous l'effet de la gravité, ces débris s'assemblèrent graduellement dans un processus nommé accrétion. Un embryon de planète se forma ainsi lentement qui, à mesure qu'il grossissait et que sa force gravitationnelle augmentait, attirait de plus en plus de fragments. Finalement, toute la masse entra en fusion ; le fer et le nickel qu'elle contenait, plus lourds, plongèrent vers le centre de la planète pour en former le noyau. Le reste constitua le manteau épais et chaud et la croûte relativement mince, froide et cassante.

Entrant en collision à une vitesse colossale, deux fragments rocheux fondent et se mélangent l'un à l'autre.

L'ACCRÉTION ▶

Nés de la fusion nucléaire au sein des étoiles géantes et dispersés lors de leur explosion, des éléments lourds tels que le silicium et le fer constituèrent des nuages de poussières et de roches interstellaires dans la région de la Galaxie où se forma le Soleil. Les poussières et les fragments de roches gravitant autour de l'étoile s'attiraient les uns les autres par leur propre gravité. Lors des collisions, l'énergie de leur mouvement était transformée en chaleur qui soudait les roches entre elles, constituant des morceaux de plus en plus gros et créant finalement la « proto-planète » qui allait devenir la Terre.

D'énormes impacts créaient d'immenses cratères effacés plus tard par les bouleversements géologiques.

◀ LE BOMBARDMENT

La toute jeune Terre, encore cernée de débris rocheux, était bombardée de toutes parts. L'énergie de chaque impact était convertie en chaleur dont l'accumulation finit par faire fondre entièrement la planète. Ce phénomène est à l'origine de sa structure en couches. Puis le bombardement ralentit et finit par s'arrêter et la Terre se refroidit. Toutefois, la radioactivité qui règne dans le noyau continue de générer de la chaleur à l'origine des volcans et des tremblements de terre.

▼ LE MAGNÉTISME TERRESTRE

Le noyau de la Terre est une masse de fer, de nickel et de soufre en fusion avec une sphère métallique solide en son cœur. La chaleur intense qui y règne provoque, dans le noyau externe, des courants tournants qui, en interagissant avec le mouvement de rotation de la planète, génèrent un champ électromagnétique. La Terre se comporte donc comme un aimant géant et c'est pourquoi une boussole indique le nord magnétique..

▲ UN VOLCANISME MASSIF

Tandis que la jeune Terre devenait de plus en plus chaude et que son noyau métallique commençait à se former, des réactions chimiques dégagèrent d'énormes quantités de dioxyde de carbone, de dioxyde de soufre et de vapeur d'eau. Ces gaz furent libérés à la surface par de colossales éruptions volcaniques en même temps que des masses de roches en fusion. Ils devaient constituer la première atmosphère, et la vapeur d'eau se transforma en pluies torrentielles qui remplirent les premiers océans.

Des rivières de lave en fusion se déversent des cratères de volcans géants.

La structure de la Terre

Si l'on pouvait couper la Terre comme un fruit et en dégager une tranche, on constaterait que la planète est constituée de différentes couches. En son cœur se trouve le noyau interne solide, entouré d'un noyau externe liquide. Tous deux sont constitués de fer, un élément lourd. Le noyau externe est enveloppé par une épaisse couche appelée manteau, constituée de roches lourdes et très chaudes mais néanmoins solides. Enfin, la coque froide du manteau forme la croûte océanique sous les océans, tandis que de vastes dalles plus épaisses de roches plus légères constituent la croûte continentale. Les scientifiques ont découvert tout cela essentiellement grâce à l'étude de la façon dont se propagent à travers la planète les ondes de choc dues aux séismes.

❶ LE NOYAU

Le cœur métallique de la Terre est constitué d'un noyau interne solide d'environ 2 440 km de diamètre et d'un noyau externe liquide de quelque 2 250 km d'épaisseur. Le noyau interne est composé d'environ 80 % de fer et de 20 % de nickel. Sa température est d'environ 7 000 °C, mais la pression intense qui y règne l'empêche de fondre. Le noyau externe est composé de 88 % de fer en fusion et de 12 % de soufre.

❷ LE MANTEAU

Avec ses 2 900 km d'épaisseur, le manteau constitue la majeure partie du volume de la planète. Il est composé essentiellement d'une roche lourde et sombre appelée péridotite et, bien que sa température varie de 1 000 °C à 3 500 °C, l'énorme pression qu'il subit le maintient à l'état solide. Néanmoins, des courants chauds de convection s'élèvent par endroit à travers le manteau, qui provoquent un lent mouvement de la roche. Ce mouvement est le phénomène à l'origine des tremblements de terre.

❸ LES PLANCHERS OCÉANIQUES

Dans la partie supérieure du manteau, les mouvements de la roche provoquent des cassures qui réduisent la pression, permettant à la péridotite de fondre. Celle-ci jaillit en éruption à travers les failles et se solidifie sous forme de basalte, une roche un peu plus légère qui forme les planchers océaniques. Cette croûte océanique a environ 8 km d'épaisseur. Elle est sans cesse recyclée et renouvelée, de sorte qu'aucune de ses portions n'a plus de 200 millions d'années.

Les montagnes se forment là où la croûte est comprimée et plissée.

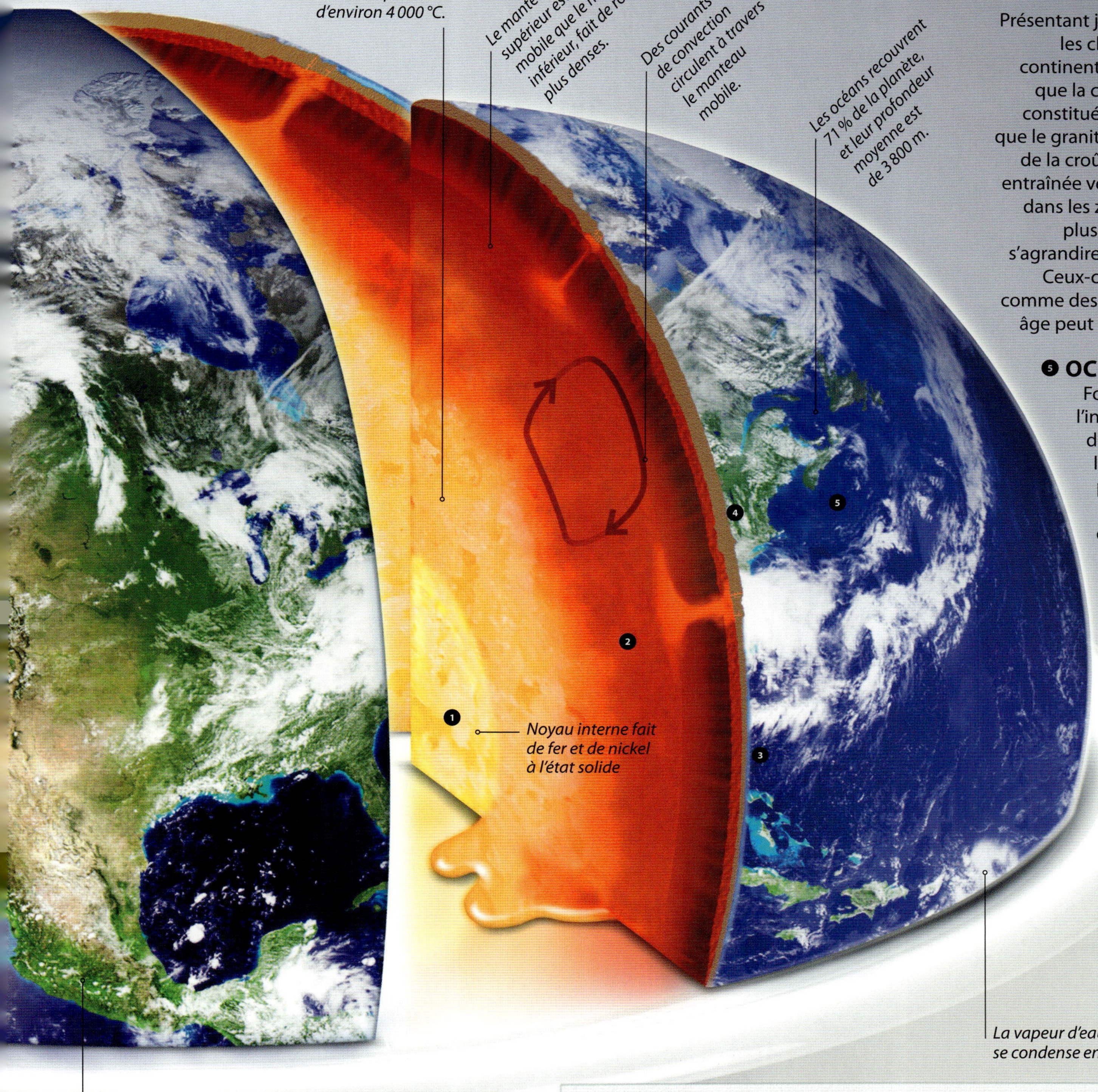

4 LES CONTINENTS

Présentant jusqu'à 70 km d'épaisseur sous les chaînes de montagne, la croûte continentale est beaucoup plus épaisse que la croûte océanique. Elle est aussi constituée de roches plus légères telles que le granite, formé par la fusion partielle de la croûte océanique là où celle-ci est entraînée vers les profondeurs de la Terre, dans les zones de subduction. La roche plus légère forma jadis des îles qui s'agrandirent pour former les continents. Ceux-ci flottent sur le lourd manteau comme des radeaux rocheux géants. Leur âge peut atteindre 4 milliards d'années.

5 OCÉANS ET ATMOSPHÈRE

Formés à partir des gaz jaillis de l'intérieur de la planète au début de son histoire, l'atmosphère et les océans sont les couches les plus externes de la Terre. Dans les premiers temps de la vie, certains organismes acquirent la capacité de fabriquer leur propre nourriture à partir de l'eau et du dioxyde de carbone en captant l'énergie du Soleil. Au cours du processus, ils rejetèrent tout l'oxygène qui constitue aujourd'hui un cinquième de l'atmosphère.

6 AUSCULTER LA PLANÈTE

La structure de notre planète est révélée par le comportement des ondes de choc générées par les séismes. Les ondes transversales S sont arrêtées par le noyau externe liquide, déterminant une zone d'ombre où elles ne peuvent être détectées. Les ondes de compression P traversent le noyau, mais sont défléchies de différentes manières qui indiquent la nature du noyau et du manteau.

Ondes P
Ondes S
Zone d'ombre des ondes S

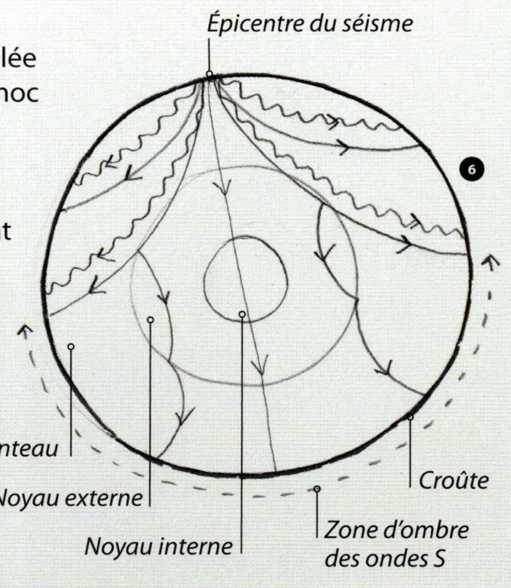

La tectonique des plaques

Les roches radioactives au cœur de la planète génèrent de la chaleur qui remonte à travers le manteau, créant des courants de convection. Ceux-ci entraînent la roche, qui se déplace à peu près à la vitesse à laquelle pousse un ongle. Arrivé sous la surface, le mouvement du manteau s'infléchit vers l'horizontale et les frottements qu'il opère entraînent des portions entières de la croûte terrestre. Sous les contraintes, cette dernière s'est brisée en plaques indépendantes. Par endroits, elles s'écartent les unes des autres, formant un rift. Ailleurs, elles se heurtent et l'une des plaques glisse sous l'autre, provoquant séismes et éruptions volcaniques. Ce phénomène est appelé tectonique des plaques.

❶ LES ZONES DE SUBDUCTION

Les endroits où une plaque tectonique passe sous une autre sont appelés zones de subduction. Sur la ligne le long de laquelle la croûte s'enfonce se forme souvent une profonde fosse océanique. Dans les profondeurs de la Terre, la croûte fond et remonte en éruption vers la surface, formant des chaînes de volcans. Le mouvement déclenche aussi des tremblements de terre. Dans certaines zones de subduction, une plaque océanique glisse sous une autre. Dans d'autres, la croûte océanique plonge sous une plaque continentale, provoquant des plissements et la formation de montagnes.

❷ LES RIFTS : DE GIGANTESQUES CASSURES

Les plaques océaniques s'écartent les unes des autres le long des dorsales océaniques. Au niveau de ces cassures, appelées rifts, la pression sous la croûte terrestre est réduite, permettant à la roche chaude du manteau de passer à un état plus liquide et de jaillir sous forme de lave basaltique. Sous la poussée, le rift tend à s'élargir, mais dans le même temps, la lave qui durcit sur ses bords reconstitue le plancher océanique et compense l'écartement. Des rifts peuvent aussi diviser les continents et former des mers comme la mer Rouge, qui s'élargiront, plus tard, en océans.

❹ La faille de San Andreas

Cette zone de Californie célèbre pour ses tremblements de terre est une faille transformante qui marque la ligne le long de laquelle la plaque pacifique pousse vers le nord-ouest contre la plaque nord-américaine. Les séismes sont fréquents et de faible amplitude le long de certaines portions de la faille, rares et violents en d'autres endroits.

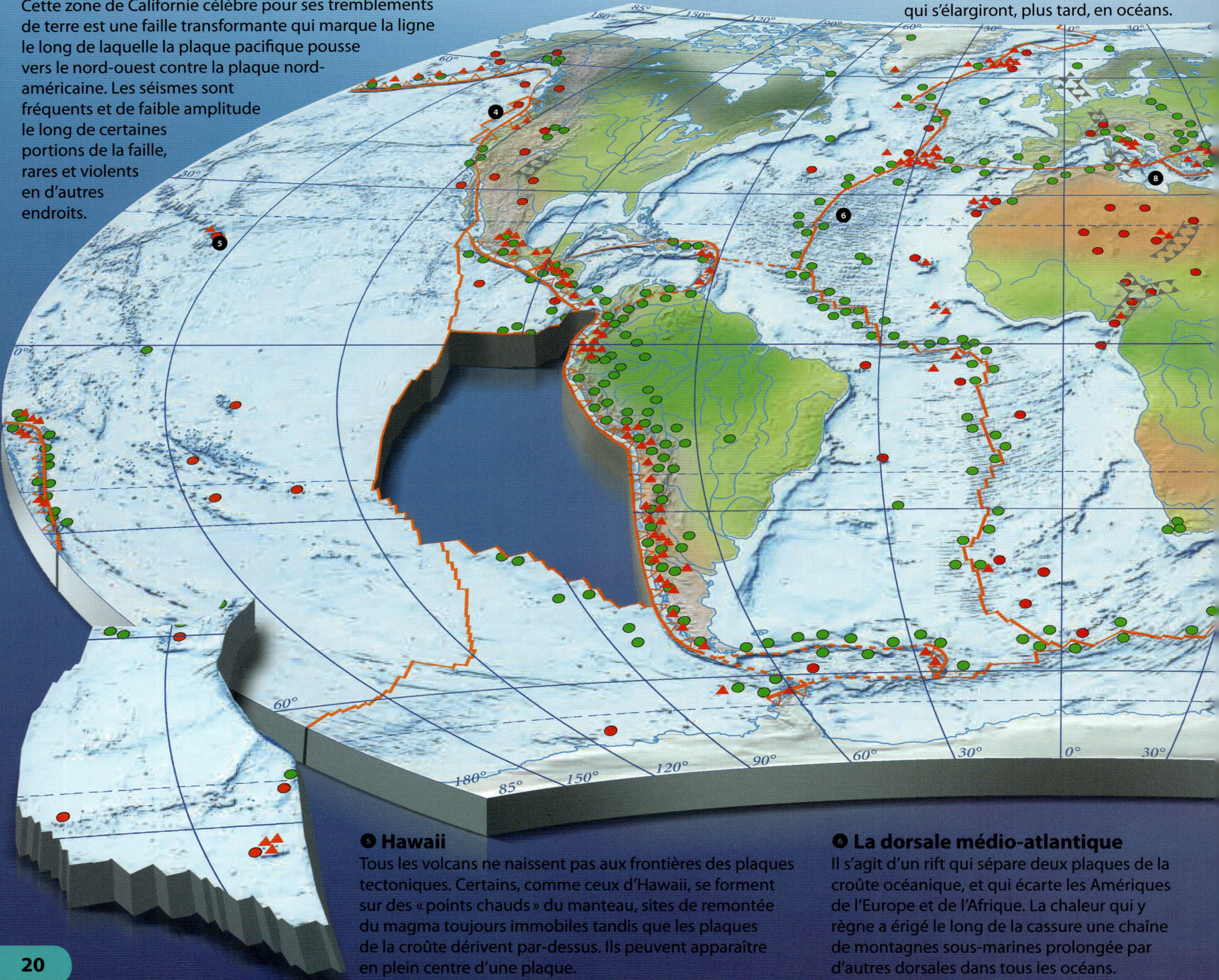

❺ Hawaii

Tous les volcans ne naissent pas aux frontières des plaques tectoniques. Certains, comme ceux d'Hawaii, se forment sur des « points chauds » du manteau, sites de remontée du magma toujours immobiles tandis que les plaques de la croûte dérivent par-dessus. Ils peuvent apparaître en plein centre d'une plaque.

❻ La dorsale médio-atlantique

Il s'agit d'un rift qui sépare deux plaques de la croûte océanique, et qui écarte les Amériques de l'Europe et de l'Afrique. La chaleur qui y règne a érigé le long de la cassure une chaîne de montagnes sous-marines prolongée par d'autres dorsales dans tous les océans.

❸ LES FAILLES TRANSFORMANTES

Les cassures qui donnent aux dorsales médio-océaniques et autres rifts leur structure en ligne brisée sont dues à des failles transformantes, portions où les bordures des plaques glissent simplement l'une contre l'autre. Dans ces secteurs, la croûte n'est ni détruite, ni renouvelée. Mais ces mouvements peuvent néanmoins être destructeurs car les deux plaques se bloquent souvent l'une l'autre. Dans ce cas, les contraintes s'accumulent jusqu'à la rupture soudaine d'une des plaques, ce qui provoque un tremblement de terre.

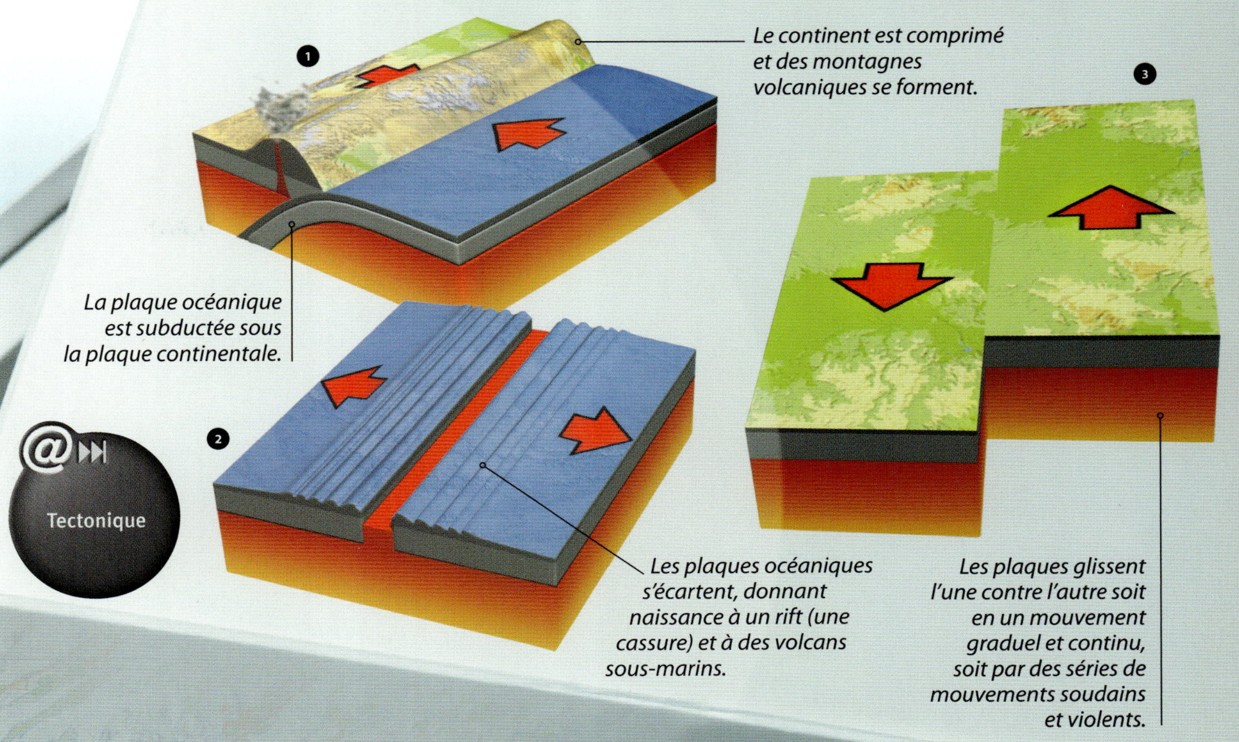

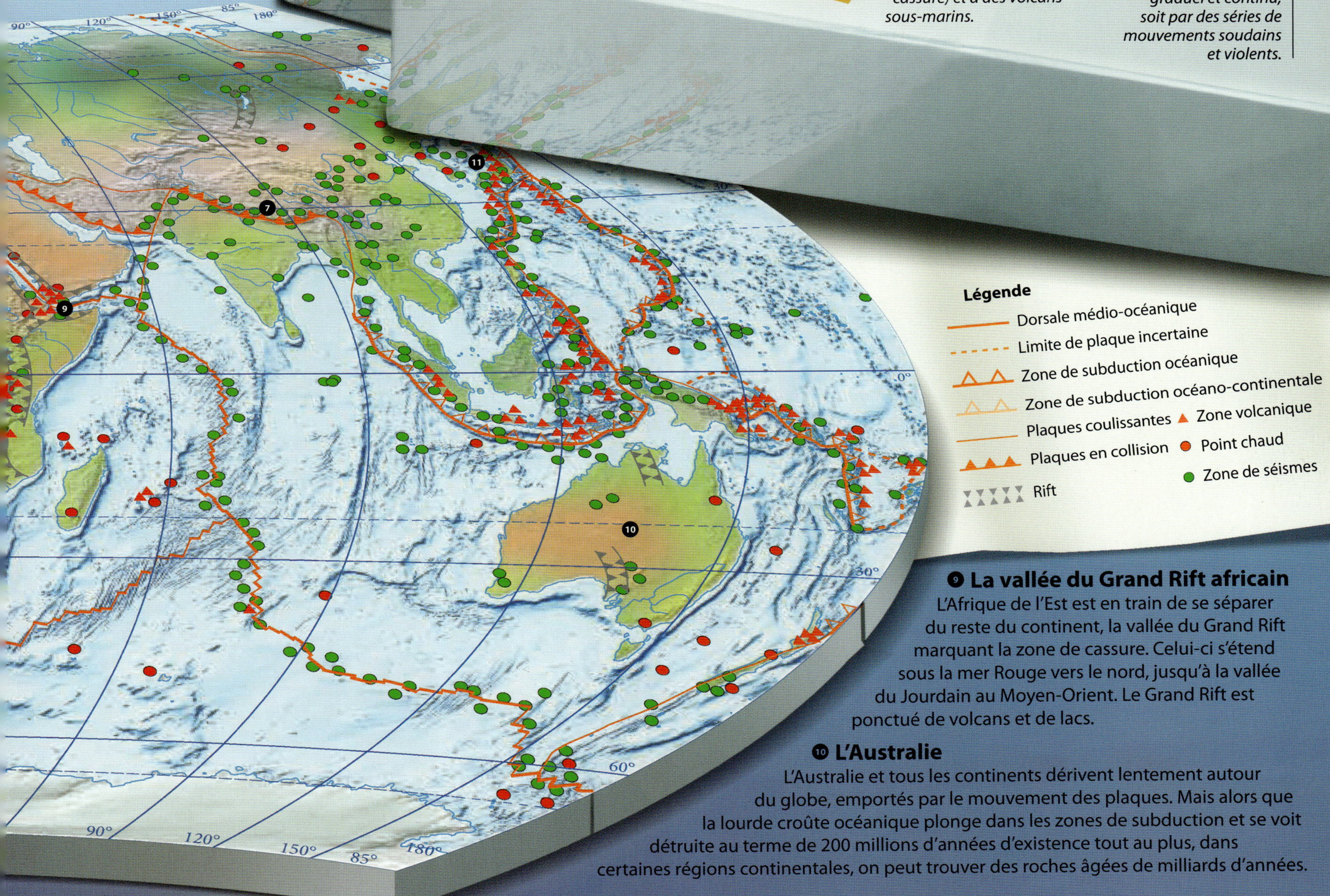

❾ La vallée du Grand Rift africain

L'Afrique de l'Est est en train de se séparer du reste du continent, la vallée du Grand Rift marquant la zone de cassure. Celui-ci s'étend sous la mer Rouge vers le nord, jusqu'à la vallée du Jourdain au Moyen-Orient. Le Grand Rift est ponctué de volcans et de lacs.

❿ L'Australie

L'Australie et tous les continents dérivent lentement autour du globe, emportés par le mouvement des plaques. Mais alors que la lourde croûte océanique plonge dans les zones de subduction et se voit détruite au terme de 200 millions d'années d'existence tout au plus, dans certaines régions continentales, on peut trouver des roches âgées de milliards d'années.

❼ L'Himalaya

Le plancher de l'océan Indien remonte vers le nord en direction de l'Asie, entraînant l'Inde avec lui. Mais les continents ne glissent pas les uns sous les autres comme les plaques océaniques. La collision entre l'Inde et l'Asie a créé le long plissement qui forme la chaîne de l'Himalaya et le plateau tibétain.

❽ La mer Méditerranée

Jadis un océan, la Méditerranée s'est trouvée réduite à une mer par l'Afrique qui remonte vers le nord. Ce mouvement a créé la chaîne des Alpes, provoque des séismes en Italie, en Turquie et en Grèce, et est à l'origine de volcans comme l'Etna et le Vésuve.

⓫ La fosse du Japon

Le Japon est régulièrement frappé par des tremblements de terre, dus à la plaque pacifique qui plonge sous l'Asie. Le long de la ligne de subduction, s'est formée la fosse du Japon, qui fait partie d'une ceinture de fosses faisant presque tout le tour du Pacifique.

La dérive des continents

Dès le XVIIe siècle, certains remarquèrent que les formes de l'Amérique du Sud et de l'Afrique s'emboîtaient comme les pièces d'un puzzle. Il semblait qu'elles auraient pu s'être séparées pour donner naissance à l'océan Atlantique, mais à l'époque, l'idée d'une dérive des continents était inenvisageable et n'effleura personne. Durant les années 1960, le développement de la théorie de la tectonique des plaques démontra qu'il s'agissait d'une réalité. Depuis que les continents ont commencé à s'ériger à partir des roches jaillissant en éruption du fond des océans, puis à s'étendre, ils se sont déplacés autour du globe, transportés par les plaques mobiles de la croûte terrestre. Au cours des temps géologiques, ils se sont rassemblés puis séparés, sont entrés plusieurs fois en collision entre eux, donnant naissance à des formations géologiques très diverses. Et aujourd'hui encore, ils continuent de se déplacer.

▲ IL Y A 170 MILLIONS D'ANNÉES

Durant le Jurassique, désormais bien connu pour être l'une des grandes époques des dinosaures, tous les continents du Sud sont rassemblés en un supercontinent que les géologues ont baptisé Gondwana. Nous le savons en partie grâce à l'étude de la manière dont s'assemblent leurs talus continentaux, qui bordent les côtes sous la mer. La correspondance entre les roches et les strates rocheuses qui les constituent le long des côtes, ainsi que celle des fossiles qu'elles renferment, sont des éléments de preuves supplémentaires. Les fossiles permettent aussi de dater le supercontinent.

▲ IL Y A 95 MILLIONS D'ANNÉES

Vers la fin de l'âge des dinosaures, des rifts géants ont scindé le Gondwana en continents tels que nous les connaissons aujourd'hui, à la différence qu'ils se trouvent encore assez proches les uns des autres. L'Amérique du Sud s'est séparée de l'Afrique, et l'océan Atlantique central est en train de s'ouvrir tandis que l'Amérique du Nord dérive vers le nord-ouest. Ces séparations isolent sur leur continent les populations animales et végétales, qui commencent à évoluer de manières différentes.

▼ IL Y A 45 MILLIONS D'ANNÉES

Au début de l'ère des mammifères, l'Amérique du Nord et le Groenland sont séparés de l'Europe du Nord et s'écartent vers l'ouest, de sorte que l'océan Atlantique s'élargit tandis que le Pacifique, au contraire, rétrécit. Dans le même temps, l'Inde dérive vers le nord en direction de l'Asie. L'Australie est isolée et les mammifères à poche – les marsupiaux – qu'elle abrite s'y diversifient dans la multiplicité de formes que nous connaissons aujourd'hui : kangourous, koalas, etc.

▼ DE NOS JOURS

Il y a environ 20 millions d'années, l'Inde est entrée en collision avec l'Asie et continue aujourd'hui de pousser en direction du nord, soulevant l'Himalaya. Dans la région des Caraïbes, il y a quelque 3,5 millions d'années, des volcans en éruption ont créé un isthme étroit reliant les deux Amériques, modifiant complètement le tracé des courants marins. Dans le même temps, la remontée vers le nord de l'Afrique a presque complètement refermé la mer Méditerranée.

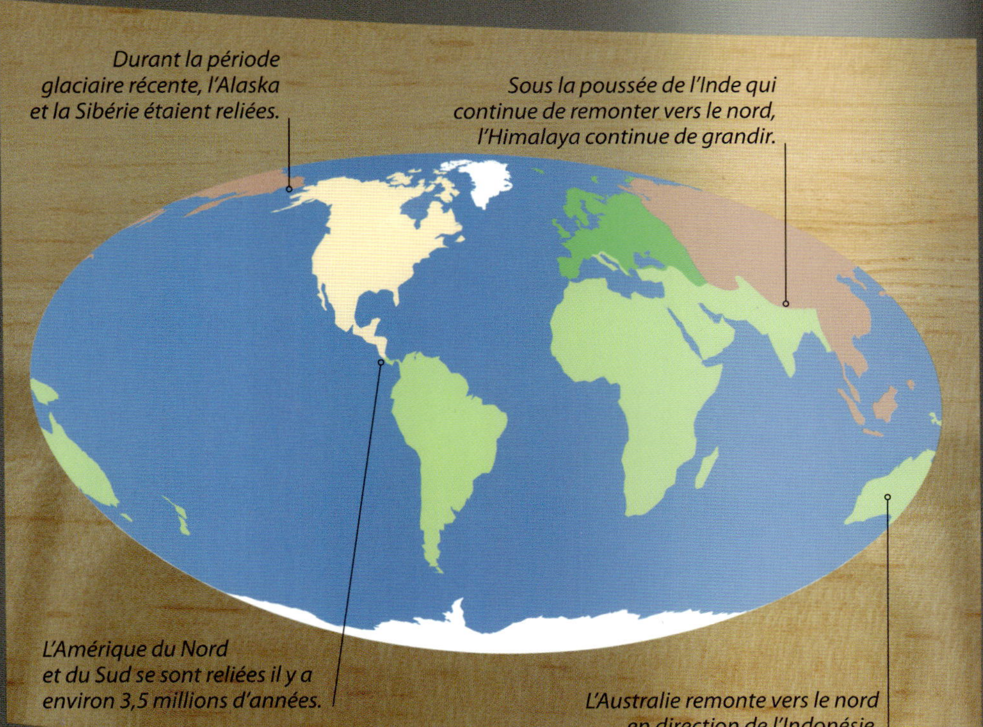

Les montagnes

Érigées sous l'action de forces titanesques engendrées par la dérive des plaques tectoniques, qui plisse ou fracture la croûte terrestre, les montagnes sont la preuve spectaculaire des mouvements qui animent notre planète. Les chaînes les plus hautes et les plus impressionnantes, telles que l'Himalaya, les Alpes ou les Andes, sont les montagnes les plus jeunes et sont encore en cours de formation. Mais dès que le moindre relief émerge, les forces de l'érosion commencent à l'entamer : toute montagne, si haute soit-elle, sera un jour réduite à néant.

❶ LES PICS ACÉRÉS

Les spectaculaires pics des Andes ont moins de 50 millions d'années, ce qui est jeune d'un point de vue géologique. S'étendant tout le long de la bordure occidentale de l'Amérique du Sud, sur une distance de 7 200 km, leur cordillère forme la plus longue chaîne de montagnes du monde. Celles-ci continuent à s'élever aujourd'hui, mais ici, en Patagonie, elles ont été érodées par les glaciers qui ont creusé entre les pics de profondes vallées.

L'OROGENÈSE, OU LA FORMATION DES MONTAGNES

La plupart des montagnes se forment en bordure des continents, là où une plaque tectonique vient en heurter une autre. Certaines, comme les Andes, en Amérique du Sud, naissent de la plongée de la croûte océanique sous la bordure continentale (subduction). D'autres, comme l'Himalaya, sont des plissements dus à la collision de deux continents. Mais les reliefs peuvent aussi naître de forces plus complexes, liées, par exemple, aux fractures de la croûte dans les zones de rift ou à la remontée de magma en fusion.

Plissements Cette vue-satellite des Alpes montre le plissement dû à la remontée de l'Italie, poussée contre l'Europe par la plaque africaine. Ce processus crée des bouleversements massifs des couches sédimentaires qui peuvent s'incliner jusqu'à la verticale, voire être retournées comme des crêpes. On peut ainsi retrouver d'anciens planchers océaniques en altitude et des fossiles marins au sommet des montagnes.

Plateaux et falaises Les reliefs abrupts du Drakensburg, en Afrique du Sud, sont une ancienne plaine soulevée par la poussée souterraine de roches en fusion. Celles-ci ont également jailli des bouches de volcans, créant d'épaisses coulées de lave qui forment aujourd'hui un haut plateau, bordé, à l'est, par des falaises abruptes.

❷ LES CHAÎNES ANCIENNES

Nombre de chaînes de montagnes anciennes résultent d'événements géologiques survenus dans un passé très lointain. Ainsi, les montagnes calédoniennes, en Écosse, sont nées à la suite d'une collision entre continents il y a plus de 400 millions d'années, le long d'une frontière tectonique qui n'existe plus aujourd'hui. Ces montagnes étaient, jadis, aussi hautes que l'Himalaya, mais elles ont été usées, constituant aujourd'hui le paysage très érodé qui est celui des Highlands d'Écosse.

❸ DES MOIGNONS TRÈS ÉRODÉS

Avec le temps, même les plus hautes montagnes se trouvent réduites à des collines arrondies par l'action incessante des forces de l'érosion. Les monts Bungle Bungle, dans le nord-ouest de l'Australie, étaient jadis un haut plateau formé de couches horizontales de grès. En 350 millions d'années, la bordure du plateau s'est peu à peu effritée sous l'assaut des pluies torrentielles, du soleil brûlant de l'été et des gels hivernaux pour former aujourd'hui ces dômes stratifiés.

❹ LA VIE EN ALTITUDE

Plus on s'élève, plus il fait froid. De ce fait, les températures qui règnent au sommet des montagnes de la zone équatoriale sont proches de celles rencontrées dans l'Arctique. Les plantes qui croissent dans ces milieux doivent être résistantes pour survivre ; en très haute altitude, plus rien ne pousse. Les animaux des montagnes, comme la panthère des neiges, ont une épaisse fourrure pour se préserver du froid, et doivent avoir le pied sûr pour se déplacer sur les pentes très accidentées.

❺ UN AIR RARÉFIÉ

Pour les alpinistes, chaque montagne est un défi. Non seulement l'escalade comporte des dangers liés aux faces rocheuses abruptes et gelées, mais elle pose aussi les problèmes de la survie en haute altitude. Il peut y faire un froid glacial et, sur les plus hauts sommets, l'air est tellement ténu qu'il y subsiste à peine assez d'oxygène pour pouvoir respirer. Cela rend l'ascension quasi impossible sans l'assistance respiratoire fournie par des bouteilles d'oxygène.

Rifts et failles

Sous les contraintes des plaques tectoniques, qui compriment et étirent la croûte terrestre, il arrive que la roche cède. Cela provoque la formation de lignes de fracture appelées failles. Des failles verticales se forment là où l'une des faces du plan de faille a glissé vers le bas. Dans les zones ou deux plaques s'écartent, de gros blocs de la croûte terrestre s'éboulent entre deux falaises formées par les plans de faille verticaux de chaque côté, donnant naissance aux rifts, énormes fossés d'éboulement. Des plaques convergentes peuvent soulever l'une des faces de la faille, ou bien la roche peut être contrainte de glisser le long d'une faille horizontale. Beaucoup de failles visibles de la croûte terrestre sont aujourd'hui inactives, mais d'autres sont encore en mouvement, provoquant des séismes.

❶ LES FAILLES VERTICALES

Des failles plus ou moins inclinées sur la verticale se forment lorsque la roche est étirée ou compressée. Elles entraînent souvent un déplacement bien visible des couches sédimentaires. Ces grès près de Canberra, en Australie, ont été étirés, provoquant le glissement des roches à gauche vers le bas du plan de faille. La structure des couches ressemblant à un code-barres permet de mesurer le déplacement avec précision.

Un plan de faille crée une coupure à travers un empilement de couches rocheuses.

❷ PLAN DE FAILLE

La plupart des failles ne sont visibles qu'au sein même des roches mais il arrive qu'un plan de faille soit exposé et forme une falaise. Ce précipice près d'Arkitsa, en Grèce, a été créé par le soulèvement à la verticale, au cours du temps, de l'une des faces d'une faille. La surface de glissement présente des stries verticales gravées dans la roche lors du mouvement sous l'effet de la poussé incessante qui s'applique.

❸ FAILLE HORIZONTALE

Là où deux portions de plaque de la croûte terrestre glissent horizontalement l'une contre l'autre, de longues lignes de cassure se forment dans les paysages, bien visibles depuis les airs. Sur cette vue aérienne d'une faille dans le Nevada, aux États-Unis, on voit les roches claires formant jadis une chaîne ininterrompue, qui ont glissé vers la gauche dans le bas de l'image. La faille de San Andreas, en Californie, est un autre exemple de ce type de faille.

❹ LES VALLÉES DE RIFTS

Ces falaises abruptes sont les plans de faille de l'un des bords de la vallée du Grand Rift africain, une immense cassure provoquée par la séparation de l'Afrique de l'Est du reste du continent. La partie centrale de la vallée, à gauche sur l'image, s'est affaissée dans la Terre. Cette vallée mesure en moyenne 50 km de large et s'étire sur des milliers de kilomètres, avec des falaises marquant les plans de faille de chaque côté.

Le lac Baïkal fait 636 km de long et 50 km de large.

❺ LES LACS DE RIFTS

De nombreuses vallées de rifts sont occupées par des lacs étirés et très creux. C'est le cas du Baïkal, en Russie, qui est le lac le plus profond du monde ; il contient un cinquième de toutes les réserves d'eau douce de la Terre. Le plancher de la vallée atteint 1 741 m sous la surface du lac. Il est ponctué de sources crachant de l'eau chauffée par le volcanisme.

❻ LES DORSALES

De très longues vallées de rifts se sont formées sur le plancher océanique là où les plaques de la croûte terrestre s'écartent les unes des autres. Cette image-sonar en fausses couleurs de la dorsale est-pacifique, montre deux chaînes de sommets (en rouge) et la vallée entre les deux. Les chaînes sont créées par la lave qui jaillit des fissures dans la vallée et par la chaleur interne qui dilate les roches et les déforme vers le haut.

Tremblements de terre et tsunamis

Les tremblements de terre, ou séismes, sont provoqués par des failles qui cèdent soudainement sous l'effet des pressions énormes des mouvements de la croûte terrestre. Lorsqu'une faille glisse facilement, les secousses sont assez faibles. Mais lorsque chaque côté de la faille bloque le déplacement de l'autre, les pressions s'accumulent, déformant la roche jusqu'à ce qu'elle cède quelque part, libérant subitement d'énormes quantités d'énergie et provoquant un tremblement de terre majeur. Quand ce phénomène se produit sous les océans, il s'accompagne d'une onde de choc sous-marine qui génère un tsunami.

LA MESURE DES SÉISMES ▶
La force d'un tremblement de terre se mesure à l'aide de l'échelle de Richter. Celle-ci est basée sur la quantité de mouvement du sous-sol enregistrée par un instrument appelé sismographe. Lorsque le sol bouge, l'appareil déplace un stylet qui transcrit le phénomène sous forme graphique sur un rouleau de papier enroulé sur un cylindre en rotation. Plus le séisme est puissant, plus l'amplitude de déplacement du stylet est grande.

▲ UN GLISSEMENT GRADUEL
Nombre de failles glissent en douceur. C'est le cas de la partie centrale de la faille de San Andreas, en Californie, où les faces se déplacent de 37 mm par an sans provoquer de séismes sérieux. Dans d'autres secteurs, les deux faces se verrouillent mutuellement, accumulant les contraintes jusqu'à ce que la roche finisse par céder.

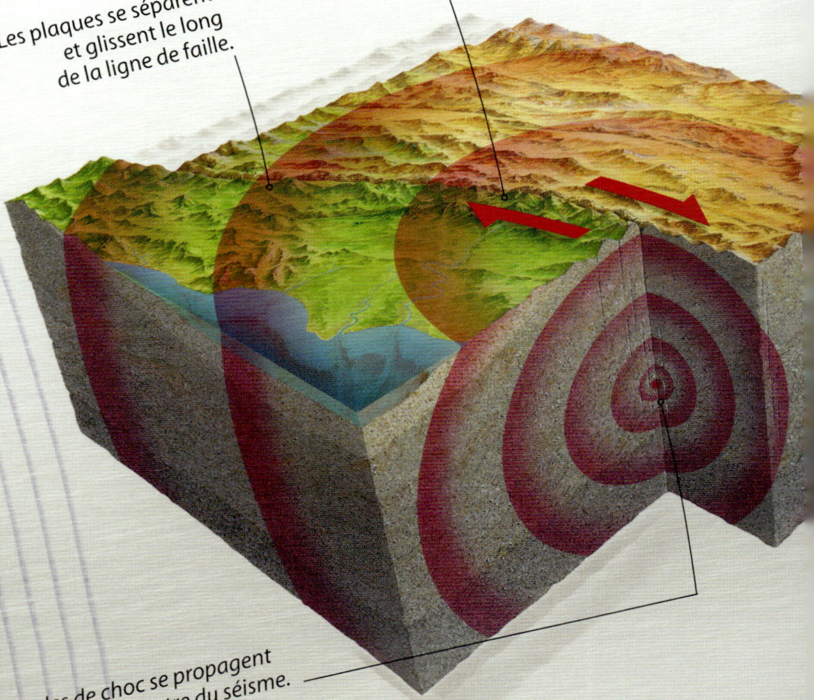

▲ L'ONDE DE CHOC
Le point où une faille sous contrainte cède est appelé l'épicentre. Dans l'illustration ci-dessus, le point de rupture se trouve sous terre sur une faille à glissement latéral, du type de celle de San Andreas, en Californie. Des ondes de choc se propagent depuis l'épicentre tout comme celles d'une explosion à travers l'air, et peuvent être tout aussi destructrices. Plus les ondes se déplacent loin, plus elles s'affaiblissent, néanmoins elles peuvent souvent être détectées depuis l'autre côté de la Terre.

◄ **GLISSEMENT DE TERRAIN**
Le mouvement de faille qui provoque le tremblement de terre se produit souvent en profondeur dans le sous-sol, mais parfois il intervient plus près de la surface. Ici, l'une des faces de la faille s'est soulevée de plus de 1 m. Les contraintes devaient s'accumuler depuis des décennies, mais lorsque le sol a finalement cédé, le déplacement a dû se produire en quelques secondes seulement.

SÉISMES SUR LA VILLE ►
La ville de San Francisco, aux États-Unis, se trouve à l'extrémité nord de la faille de San Andreas et subit régulièrement des secousses sismiques. Le dernier séisme a eu lieu en 1989, détruisant en partie la voie rapide Nimitz et entraînant la mort de 63 personnes. C'est un bilan relativement faible comparé à celui du tremblement de terre majeur qui dévasta la ville en 1906, et les spécialistes savent qu'un nouveau « big one » la frappera à nouveau tôt ou tard. Ce n'est qu'une question de temps.

▲ ***CATASTROPHES MAJEURES***
Les séismes peuvent avoir des effets catastrophiques sur les grandes villes, en particulier celles construites avec des matériaux traditionnels. Lorsque le sol se met à trembler, un bâtiment en briques s'effondre en un tas de gravats qui ensevelit tout. Les constructions à armature en acier sont beaucoup plus robustes et restent souvent debout, comme ici au Japon, lors du tremblement de terre de Kobé en 1995.

▲ ***LES TSUNAMIS***
Le tsunami qui frappa le Sud-Est asiatique à la fin 2004 fut provoqué par le mouvement d'une faille sous-marine au large de Sumatra, où le plancher de l'océan Indien plonge sous la plaque indonésienne. Le mouvement libéra d'énormes contraintes, générant le second tremblement de terre le plus puissant jamais enregistré, donnant naissance à d'énormes vagues qui dévastèrent les côtes de toute cette région du globe.

Les volcans

Les volcans naissent aux endroits où la roche très chaude du manteau terrestre parvient à fondre suffisamment pour former un magma liquide. Ce phénomène se produit là où existent, dans le manteau, des courants ascendants appelés points chauds, et là où la croûte terrestre est étirée, se brise et s'écarte, réduisant la pression intense qui maintient la roche chaude à l'état solide. Il se produit aussi dans les zones où une plaque de la croûte plonge sous une autre (subduction) en même temps que de l'eau de mer qui abaisse le point de fusion de la roche. La façon dont le magma se forme affecte sa nature et la manière dont il jaillit des volcans.

◀ LES CÔNES DE CENDRES

La plupart des volcans sont situés au-dessus de zones de subduction, là où une plaque de la croûte plonge sous une autre. Le magma formé dans ces zones est épais, collant et plein de gaz. Il jaillit en éruptions explosives, projetant d'énormes nuages de cendres très haut dans le ciel. La roche en fusion qui forme la lave est trop visqueuse pour s'écouler bien loin et s'amasse en couches avec les cendres retombant des airs, pour former des volcans en forme de cônes.

DES RIVIÈRES DE FEU ▶

Le magma qui se forme au-dessus des points chauds ou sous les rifts est très liquide, presque autant que de l'eau. Tous les gaz qu'il contient peuvent s'en échapper facilement, de sorte que, bien qu'il puisse parfois jaillir en fontaines de lave, il n'a pas assez de pression pour provoquer des éruptions explosives. La roche fondue qui bouillonne en surface s'écoule en rivières de lave liquide, comme ici à Hawaï, et forme des volcans boucliers très étendus.

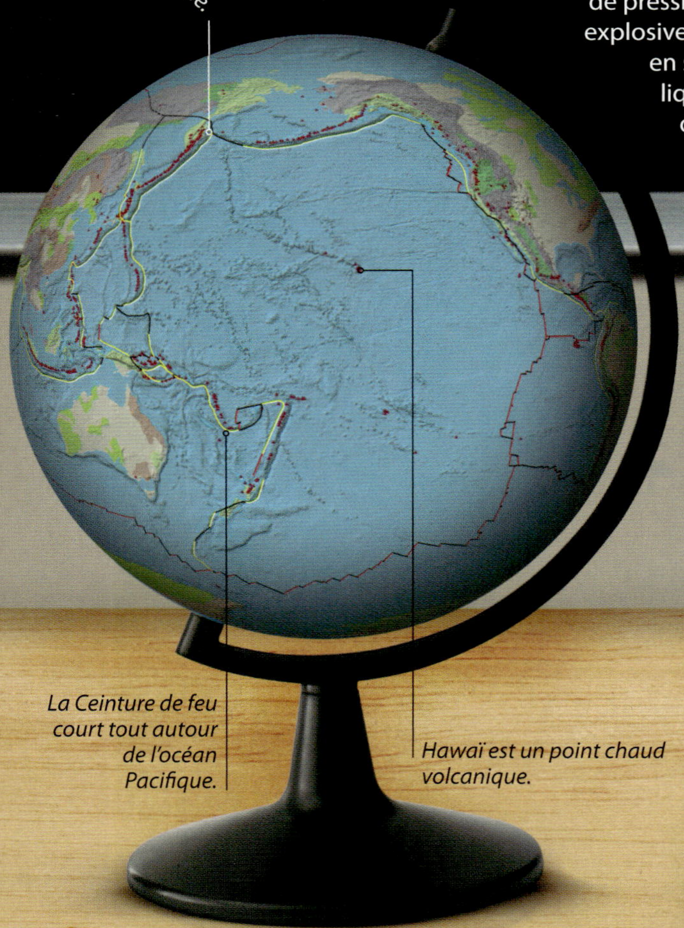

▲ LA CEINTURE DE FEU DU PACIFIQUE

L'océan Pacifique est cerné par un anneau de plus de 450 volcans actifs dont l'existence est liée à la présence proche de fosses océaniques qui marquent les zones de subduction. Les volcans de cette Ceinture de feu sont explosifs, émettant une lave visqueuse et des nuages de cendres. Hawaï, en revanche, est située en plein milieu de l'océan et ses volcans sont nés d'un point chaud produisant une lave très liquide.

▲ ANATOMIE D'UN VOLCAN

Un volcan typique présente un cratère central alimenté par une chambre magmatique située en profondeur dans la croûte. Cette chambre se forme la première, en un lieu où le magma est parvenu à atteindre son point de fusion. Dès lors, le magma se fraie un chemin à travers la roche qui le recouvre en la faisant fondre, jusqu'à ce qu'il la crève et puisse jaillir en éruption à l'air libre sous forme de lave, de gaz et de cendres. Il peut aussi s'insinuer dans des fissures pour former des cheminées secondaires. La lave et les débris rocheux qui jaillissent du cratère s'accumulent pour former le cône du volcan.

LES EXPLOSIONS VOLCANIQUES ▶

Une lave épaisse et visqueuse peut obstruer la cheminée d'un volcan et, si la pression des gaz en dessous continue de s'accumuler, le volcan finit un jour par exploser. Une éruption majeure peut vider la chambre magmatique, qui s'effondre alors pour former un immense super-cratère appelé caldeira. C'est ce qui s'est produit en 1650 av. J.-C. dans l'île de Santorin (photo satellite ci-contre), en Grèce. L'eau de la Méditerranée s'engouffrant subitement dans la caldeira provoqua une explosion cataclysmique qui entraîna la destruction de la civilisation minoenne, sur l'île de Crète proche.

Un volcan moderne a surgi au centre de l'immense caldeira.

Avalanche magmatique nocturne sur le mont Arenal, au Costa Rica

LES AVALANCHES MAGMATIQUES ▲

Sur les pentes très raides d'un dôme de lave en pleine croissance, des blocs se décrochent fréquemment. Dans leur chute, ils éclatent en morceaux plus petits qui déclenchent une avalanche magmatique. Le même phénomène peut se produire dans une coulée de lave visqueuse (ci-dessus), dont l'écoulement est toujours lent et difficile, sur un volcan dont les flancs sont suffisamment raides pour que les blocs s'en décrochent et roulent sur la pente.

@ Volcan

Lave fluide solidifiée

La surface cordée de la lave dite pahoehoe traduit le fait qu'elle était très fluide avant de se solidifier.

Coulée de lave scoriacée

La lave moins fluide acquiert en s'écoulant et refroidissant une surface rugueuse et hérissée faite de blocs et d'arêtes vives.

◀ IL Y A LAVE ET LAVE

La lave très fluide qui s'écoule des volcans de point chaud comme ceux d'Hawaï se répand et se solidifie sous la forme de nappes de basalte sombre. Les mouvements qui continuent de l'animer tandis qu'elle refroidit ont pour effet de rider la croûte qui se forme en surface, lui donnant un aspect cordé que les Hawaïens nomment pahoehoe. La lave plus visqueuse, quant à elle, renferme des bulles de gaz et tend, au contraire, à se briser en refroidissant, formant des petits blocs rugueux et hérissés qui évoquent des scories de charbon brûlé, d'où son nom de lave scoriacée. Plus la lave est visqueuse, plus sa surface est chaotique.

Les éruptions volcaniques

Les volcans comptent parmi les forces les plus puissantes de la planète et leurs éruptions peuvent provoquer des destructions que l'on a peine à imaginer tant qu'on n'y a pas assisté. Mais par une étrange ironie, les volcans les plus actifs sont souvent les moins destructeurs car ils libèrent leur énergie très progressivement, d'une façon certes spectaculaire mais finalement assez prévisible. Les volcans vraiment dangereux sont ceux qui semblent endormis depuis de nombreuses années, mais qui accumulent en leur cœur des pressions gigantesques qui devront tôt ou tard se libérer. Ceux-là, lorsqu'ils explosent, produisent les catastrophes historiques.

@ Volcans

❷ LE KILAUEA
Le volcan le plus actif de la Terre est le Kilauea, à Hawaï. Il est en éruption constante depuis 1983, éjectant d'énormes quantités de gaz et de roches fondues en de spectaculaires fontaines et rivières de lave de basalte liquide. Celles-ci dévalent les flancs du volcan vers la côte, où elles se déversent dans l'océan dans un bouillonnement de nuages de vapeur. Par endroits, la lave s'est solidifiée en surface pour former des tunnels rocheux contenant de rapides torrents de roche en fusion.

❶ L'ETNA
L'Etna, en Sicile, est le plus grand et le plus actif des volcans d'Europe. Son histoire fait état de fréquentes éruptions remontant à 2 500 ans. Il produit de rapides rivières de lave qui ont détruit villes et villages, notamment en 1669 et en 1928. Dans le passé, il a aussi été le théâtre d'explosions catastrophiques.

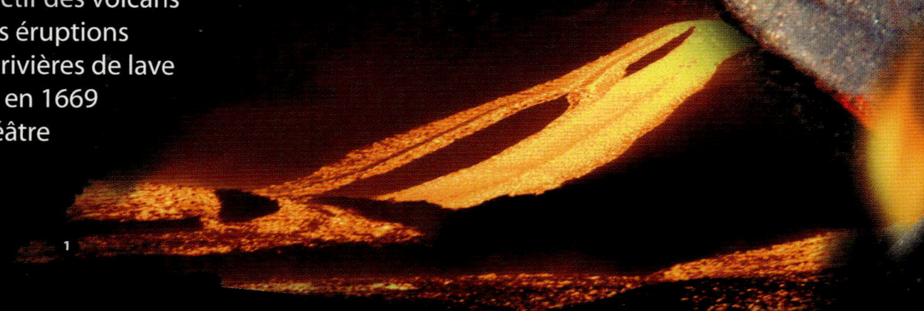

❸ LE KRAKATAU

Comptant parmi les centaines de volcans constituant les îles d'Indonésie, le Krakatau est célèbre pour son éruption cataclysmique de 1883, qui tua plus de 36 000 personnes. Le volcan explosa puis s'effondra en une immense caldeira océanique, produisant un tsunami qui frappa les côtes de Java et de Sumatra. L'explosion fut entendue à 4 800 km de distance ; c'est à ce jour, le bruit le plus fort que l'homme ait jamais entendu.

❹ LE MONT ST HELENS

En mai 1980, une formidable explosion souffla le sommet du mont St Helens, dans la chaîne des Cascades, en Amérique du Nord. Celle-ci projeta un panache de cendres chaudes à 24 km d'altitude dans le ciel et détruisit 10 millions d'arbres. Fort heureusement, le volcan était surveillé par les scientifiques qui avaient vu ses flancs gonfler sous l'accumulation de la pression interne. La majeure partie de la région avait été évacuée avant l'éruption, qui ne fit qu'une soixantaine de victimes.

❺ LE SURTSEY

L'Islande est située sur la dorsale médio-atlantique, le grand rift sous-marin à partir duquel l'océan Atlantique s'élargit un peu plus chaque année. Ce pays compte au moins huit volcans actifs et, en 1963, un nouveau fit son apparition au milieu de la mer au large de la côte sud dans un jaillissement et un bouillonnement de cendres, de gaz et d'eau de mer mêlés. Baptisé Surtsey, son éruption se prolongea jusqu'en 1967. En sommeil depuis, il a été peu à peu érodé par les vagues.

❻ LE VÉSUVE

À l'époque romaine, le mont Vésuve, en Italie, était considéré comme éteint, mais en l'an 79, il entra dans une violente éruption, déversant d'épaisses couches de cendres et de débris chauffés au rouge sur la ville proche de Pompéi. Certains habitants parvinrent à s'échapper avant l'éruption principale, mais nombre d'entre eux, ainsi que ce chien, furent ensevelis et moururent. Les empreintes en creux laissés par leurs corps furent découvertes lors de fouilles dans les années 1860.

OLYMPUS MONS ❼

Les volcans n'existent pas seulement sur Terre. Olympus Mons, ou mont Olympe, est un volcan colossal situé sur Mars. Il atteint 27 km de haut : plus de deux fois la hauteur du Mauna Kea, le plus grand volcan de la Terre. Il a d'ailleurs la même forme que ce dernier et semble avoir été érigé de la même manière, à partir d'un point chaud sous la croûte.

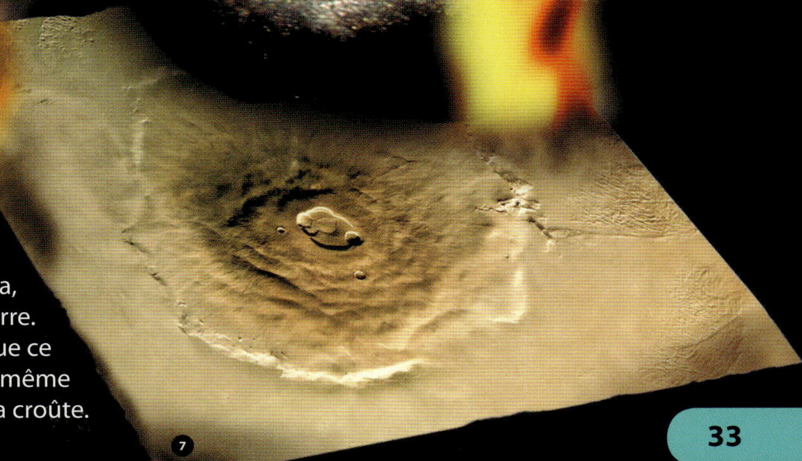

Geysers et sources chaudes

Dans certaines régions volcaniques, l'eau qui s'infiltre dans le sol parvient au contact de roches très chaudes. Elle entre alors en ébullition et, généralement, remonte en vapeur vers la surface. Toutefois, en certains endroits, une pression élevée empêche l'eau de se transformer en gaz. L'eau surchauffée restée liquide finit par trouver un conduit par lequel elle remonte à la surface. Cela provoque une chute brutale de pression qui, instantanément, la transforme en vapeur, et qui a pour effet d'expulser l'eau restante hors du sol sous la forme d'un geyser.

Geyser

▶ FLY GEYSER

En 1916, une opération de forage menée dans le désert du Nevada, aux États-Unis, atteignit une source d'eau bouillante, créant un geyser artificiel. Des décennies plus tard, l'eau surchauffée trouva un nouveau conduit vers la surface pour donner naissance à un geyser naturel qui possède aujourd'hui plusieurs bouches. Mais contrairement à la plupart des geysers, Fly Geyser crache de l'eau en permanence et les dépôts minéraux qu'il provoque ont édifié autour des bouches des buttes rocheuses.

Des terrasses minérales retiennent des bassins d'eau chaude.

▼ OLD FAITHFUL

Old Faithful, le plus célèbre des quelque 200 geysers de la région de Yellowstone, aux États-Unis, tire son nom, qui signifie « le vieux fidèle », du fait qu'il entre en éruption régulièrement toutes les 67 minutes en moyenne. C'est le temps que met son réservoir ainsi vidé pour se remplir à nouveau et se réchauffer suffisamment pour provoquer une nouvelle éruption. À chaque fois, le geyser projette un jet de vapeur et d'eau chaude jusqu'à 55 m de hauteur.

L'eau surchauffée jaillit et se transforme en vapeur.

▼ LES MARMITES DE BOUE

L'eau chaude qui crée les geysers peut aussi contribuer à la formation de marmites de boue liquide bouillonnantes. La photo ci-dessous a été prise à Rotorua, en Nouvelle-Zélande, l'une des zones de geysers les plus actives et qui, comme Yellowstone aux États-Unis, fait partie d'une région volcanique beaucoup plus vaste. Il y a quelque 800 ans, Rotorua fut le théâtre d'une colossale éruption volcanique. C'est aujourd'hui une florissante station touristique.

Les terrasses sont faites de calcite.

▲ LES ÉVAPORITES

Lorsque de l'eau est surchauffée sous pression dans les profondeurs de la terre, elle dissout généralement de nombreux minéraux contenus dans les roches. Si cette eau jaillit en surface dans des geysers ou des sources, l'évaporation et le refroidissement font précipiter ces minéraux qui redeviennent solides et forment des roches appelées évaporites, comme ici à Mammoth Hot Springs, à Yellowstone. Chaque jour, l'eau dépose sur ces terrasses 2 000 kg de minéraux supplémentaires.

Jusqu'à 250 macaques peuvent utiliser les sources chaudes.

▼ LES SOURCES CHAUDES

Dans les montagnes enneigées de Yamanouchi, près de Nagano, dans le centre du Japon, des sources chaudes alimentent une série de bassins. L'eau s'y maintient en permanence autour de 50 °C, et dans les années 1960, des macaques japonais – une espèce de singe locale – découvrirent que ces bassins offraient un moyen idéal de se tenir au chaud dans un climat où les températures hivernales peuvent chuter en dessous de -15 °C.

▼ L'ÉNERGIE GÉOTHERMALE

L'eau brûlante qui alimente les geysers et les sources chaudes peut être captée et exploitée comme source d'énergie. Dans nombre de régions du globe, l'eau chaude naturelle est utilisée pour faire tourner des centrales électriques, notamment en Islande. Reykjavik, la capitale de ce pays, est chauffée entièrement par cette eau chaude et la ville possède même des piscines de plein air chauffées par géothermie.

LES FUMEURS NOIRS ▶

L'eau marine qui pénètre à travers la croûte fissurée des dorsales médio-océaniques est portée à très haute température au contact de la roche volcanique. Au passage, elle dissout et se charge des minéraux contenus dans la roche. L'eau surchauffée ressort sur le fond marin par des sources hydrothermales. Au contact de l'eau très froide des grandes profondeurs, les minéraux dissous précipitent et forment de denses nuages noirs qui ressemblent à de la fumée.

VAGUES ROCHEUSES
À Vermilion Cliffs, en Arizona, États-Unis, d'anciennes dunes de désert devenues de la roche dure ont été sculptées par la force érosive du vent en des formes fantastiques. Ces terrains sont âgés d'au moins 165 millions d'années.

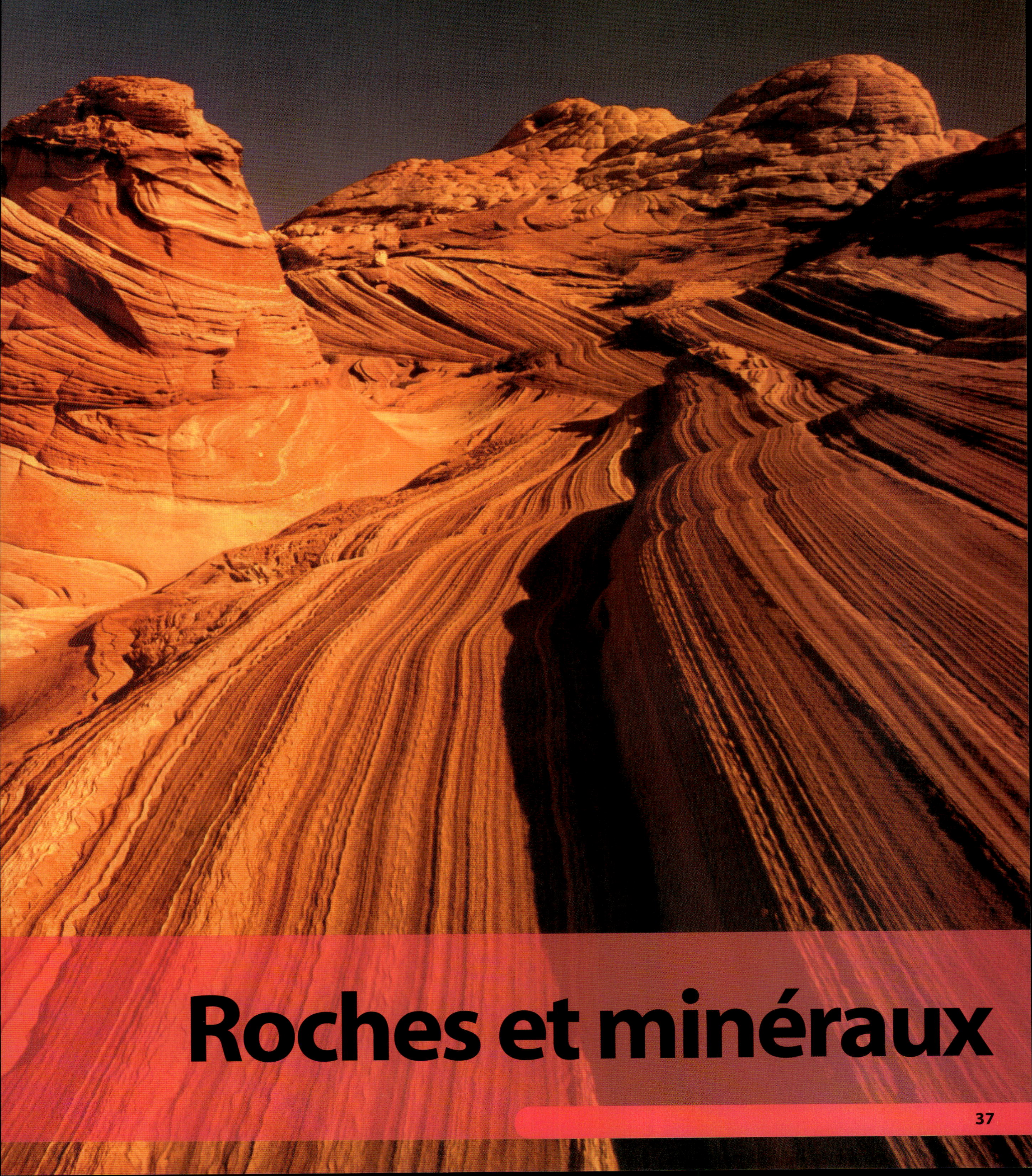

Roches et minéraux

Minéraux et pierres précieuses

Les minéraux sont les substances solides naturelles qui composent les roches. Quelques-uns sont constitués d'un unique élément, dans lequel tous les atomes sont semblables. C'est le cas du diamant, qui est une forme de carbone pur. Mais la plupart des minéraux connus – il y en a plus de 4000 – sont des composés, c'est-à-dire des matières faites de deux éléments ou plus. Le quartz, par exemple, est un composé de silicium et d'oxygène. La plupart des minéraux peuvent produire des cristaux, formes géométriques naturelles reflétant la manière dont leurs molécules sont assemblées. Les cristaux de certains minéraux sont taillés et polis pour en faire des gemmes, ou pierres précieuses, qui ont beaucoup de valeur.

❶ LA HALITE

Appelée aussi sel gemme, la halite est le même minéral que le sel de cuisine : un composé de sodium et de chlore. Elle forme des cristaux cubiques comme on en rencontre souvent dans le gros sel de cuisine. Elle est incolore à l'état pur. Les dépôts de halite trouvés en profondeur dans le sous-sol ont été créés par l'évaporation de sel marin dans des océans anciens.

❷ LE QUARTZ

Minéral le plus abondant à la surface de la Terre, le quartz est l'un des principaux ingrédients du granite et autres roches dures similaires formées à partir de magma fondu. Lorsque ces roches sont décomposées par l'érosion, les cristaux de quartz durs tendent à être préservés sous forme de grains de sable. Ils sont utilisés pour fabriquer du verre. Diverses formes colorées de quartz, comme l'améthyste, sont des pierres précieuses de valeur.

❸ L'OLIVINE

Comme le quartz, l'olivine est un minéral à base de silice – composé de silicium et d'oxygène constituant la plupart des roches – mais elle contient aussi du fer et du magnésium. Elle est plus abondante que le quartz, mais beaucoup plus en profondeur dans la croûte car c'est le principal ingrédient de la péridotite, la roche qui forme l'essentiel du manteau terrestre. Les cristaux d'olivine sont généralement verts, comme on le voit ici.

❹ LE DIAMANT ET LE GRAPHITE

Bien qu'ils soient tous deux du carbone pur, le diamant et le graphite ont un aspect physique très différent. Le diamant est le plus dur de tous les minéraux et une pierre précieuse de très grande valeur, tandis que le graphite est le minéral tendre et strié servant à fabriquer les mines de crayons. Cette différence est due au fait que le diamant a une structure moléculaire très robuste tandis que le graphite est arrangé en couches friables.

❺ LE SOUFRE

Le plus souvent sous forme de dépôts autour des cratères volcaniques et des sources chaudes, le soufre pur est un minéral tendre généralement jaune vif. Il est constitué d'un seul type d'atome mais se combine à d'autres éléments tels le fer et l'oxygène pour former des composés comme la pyrite et le dioxyde de soufre. C'est un ingrédient majeur en chimie.

❻ LA CALCITE

Minéral très commun, la calcite est le principal ingrédient des calcaires, généralement formés à partir des coquilles et squelettes d'organismes marins, qui absorbent les minéraux de l'eau de mer. Facilement dissoute par les eaux de pluie faiblement acides, elle se recristallise en une variété de formes.

❼ LE BÉRYL

Principale source de béryllium, l'un des métaux les plus légers, le béryl est plus connu sous forme de gros cristaux prismatiques. On les taille en pierres précieuses de différents noms selon leur couleur, comme l'émeraude, vert sombre, et l'aigue-marine bleu-vert pâle. Certains cristaux sont très gros : une aigue-marine trouvée au Brésil en 1910 pesait 110,5 kg.

Le béryl forme de longs cristaux hexagonaux.

❼

❿ LE FELDSPATH

Les gros cristaux colorés du fedspath sont très visibles dans de nombreux types de granites, notamment les dalles polies utilisées en construction. Ces cristaux présentent souvent une structure maclée : ils sont accolés par deux ou plus selon des lignes ou plans de symétrie dépendants de la structure moléculaire des cristaux. Suivant la façon dont il s'est formé, le feldspath peut renfermer divers éléments, mais il contient toujours de l'aluminium et du silicium.

Les cristaux de mica peuvent être séparés en feuilles plus minces.

⓫

❽ LE ZIRCON

Similaires à ceux du diamant et souvent utilisés comme pierres précieuses, les cristaux de zircon sont extrêmement durs et résistants à l'érosion. De ce fait, ils subsistent souvent tandis que tous les autres minéraux autour ont été détruits. Certains cristaux de zircon australiens ont été datés radiologiquement à 4,2 milliards d'années, ce qui est presque l'âge de la Terre et plus vieux que toute autre substance connue à la surface de la planète.

Le zircon apparaît souvent brun pourpré.

❽

⓫ LE MICA

Ingrédient majeur du granite et autres roches similaires, le mica a une composition chimique complexe inhabituelle et forme d'étranges cristaux plats à six côtés. Ceux-ci peuvent être étonnamment gros – un cristal trouvé dans l'est de la Russie présentait une surface de 5 m². Le mica a un point de fusion élevé ; taillé en feuilles transparentes, on l'utilise parfois pour fabriquer des hublots de fours.

❾

Le pyroxène apparaît souvent sous forme massive, sans cristaux bien définis.

Feldspath rose, appelé aussi orthoclase

❿

⓬

Le talc est généralement non cristallin.

❾ LE PYROXÈNE

L'un des plus importants minéraux présents dans les roches, le pyroxène est un ingrédient majeur des roches magmatiques du plancher océanique. Il peut renfermer une variété d'éléments métalliques comme le fer, le magnésium ou le titane, mais toujours en combinaison avec du silicium et de l'oxygène. L'une de ses formes, la jadéite, est très dure et servait jadis pour fabriquer des lames de haches.

⓬ LE TALC

Minéral le plus tendre, que l'on marque facilement de l'ongle, le talc est parfois appelé pierre à savon à cause de son toucher savonneux. On l'utilise en sculpture et sous forme de poudre, mais ses principaux usages se rencontrent dans la fabrication de céramiques résistantes à la chaleur (ustensiles de cuisine) et du papier.

Les cannettes de boissons sont faites en alliage d'aluminium.
La sphalérite est un composé de zinc, de fer et de soufre.
La coque de nombreuses montres-bracelets est fabriquée en titane.
Batterie d'automobile
La galène est un minéral très lourd.
La garniérite peut être composée jusqu'à 40 % de nickel, mais elle est assez rare.
Le fer est tiré de l'oxyde de fer, qui n'est autre que de la rouille.
L'essentiel du cuivre est extrait de minerais comme la chalcopyrite.
L'or pur peut se rencontrer enchâssé dans des minéraux comme le quartz.
Le cinabre est un composé rouge sombre et très lourd de mercure et de soufre.
Le mercure raffiné fond à – 39 °C, de sorte qu'il est bien rare de le rencontrer sous forme solide.

Les métaux

Métal

À l'exception des alliages, créés artificiellement, tous les métaux sont des éléments, c'est-à-dire des substances constituées d'un seul type d'atome. Certains, comme l'or et l'argent, se trouvent naturellement à l'état pur, dit « natif ». Mais pour la plupart, ils se rencontrent sous des formes minérales plus complexes appelées minerais. Le fer, par exemple, est généralement obtenu à partir de composés de fer et d'oxygène : les oxydes de fer. Une fois purifiés, les métaux présentent cette nature à la fois robuste et facile à travailler qui fait d'eux des matériaux si utiles. Ils conduisent parfaitement la chaleur et l'électricité, ce qui les rend essentiels à la technologie moderne.

Allié à du plomb, l'étain produit de la soudure, un produit essentiel dans la fabrication de tout circuit électrique.

L'argent natif se rencontre en filons ramifiés dans des veines minérales.

❶ **Aluminium** Très léger, l'aluminium conduit bien l'électricité et ne se corrode pas facilement. Assez tendre à l'état pur, il doit être combiné avec d'autres métaux pour créer des alliages robustes et légers, très utilisés dans l'aviation. On l'obtient à partir d'un minerai complexe mais abondant appelé bauxite.

❷ **Zinc** Extrait du minerai appelé sphalérite, ce métal blanc est très utilisé comme placage inoxydable pour l'acier, un procédé appelé galvanisation. En alliage avec le cuivre, il produit du laiton, métal jaune brillant servant dans la fabrication d'objets métalliques décoratifs (poignées de porte, etc.).

❸ **Titane** C'est un métal très léger, comme l'aluminium, mais plus dur et beaucoup plus résistant. Également beaucoup plus rare, il est associé à d'autres métaux pour fabriquer des alliages légers et résistants très utilisés en aéronautique et en astronautique. Son principal minerai est un composé d'oxygène et de titane appelé rutile.

❹ **Plomb** Très lourd, avec un point de fusion bas, le plomb est aussi très tendre et facile à travailler. Il a servi à la fabrication de toutes sortes d'objets, des conduites d'eau depuis les Romains aux batteries de voitures modernes. Son principal minerai est un composé de plomb et de soufre appelé galène.

❺ **Nickel** Ce métal constitue probablement environ un cinquième du noyau interne de la Terre, le reste étant composé de fer. À la surface, il se rencontre dans des minerais complexes comme la garniérite. Le fer et le nickel sont associés pour produire un robuste acier inoxydable, l'un des alliages les plus utilisés.

❻ **Fer** Constituant l'essentiel du noyau terrestre et très commun dans les roches et le sol, le fer est le métal le plus abondant sur la planète. Même s'il est cassant et se corrode fortement, c'est un matériau très important à cause de sa dureté. Allié à du carbone, il produit l'acier, qui est souple et plus facile à travailler.

❼ **Étain** Il y a environ 4 000 ans, les premiers métallurgistes ont découvert que mélanger une petite quantité d'étain fondu avec du cuivre fondu produisait un alliage beaucoup plus robuste : le bronze. Ils obtenaient l'étain en chauffant des minerais comme la cassitérite à environ 1 000 °C dans un four à charbon.

❽ **Cuivre** Ce fut l'un des premiers métaux utilisés par l'homme, il y a quelque 7 000 ans. La raison en est que, comme l'or, il se trouve dans le sol à l'état natif. Excellent conducteur de l'électricité, le cuivre est largement employé dans la fabrication des fils électriques.

❾ **Or** Parce qu'il ne se combine pas facilement avec les autres éléments, l'or se rencontre généralement sous forme de pépites ou grains brillants de métal pur. Pour la même raison, il ne se ternit pas, un fait qui, associé à sa rareté, en a toujours fait un métal précieux. Bien que très lourd, il peut être battu en feuilles très minces.

❿ **Mercure** Seul métal qui soit liquide à température ambiante, le mercure est obtenu à partir d'un minerai appelé cinabre. Il était très connu pour son emploi dans les thermomètres, mais sert aussi à la fabrication de batteries, de composants électroniques et du tain qui constitue la couche réfléchissante des miroirs.

⓫ **Argent** Rare comme l'or, l'argent est un métal tendre et facile à travailler existant à l'état natif, qualités qui lui ont conféré de tous temps une grande valeur. Contrairement à l'or, il se ternit mais retrouve son brillant une fois poli.

Les roches ignées

Les roches ignées naissent à partir de mélanges de minéraux en fusion qui émergent des profondeurs de la Terre sous forme de magmas ou de laves volcaniques. En refroidissant, ces minéraux voient apparaître dans leur structure des cristaux entremêlés qui confèrent leur dureté aux roches qui en résultent. Certains minéraux sont plus lourds que d'autres, ou bien fondent à des températures plus élevées. De ce fait, ils tendent à se séparer des autres lors des phénomènes d'éruption. C'est ce qui fait que les roches ignées sont rarement semblables à leurs roches parentes, mais généralement plus légères. Ce processus a donné naissance à une grande variété de roches à partir du même matériau d'origine.

❶ PÉRIDOTITE

Cette roche est le principal composant du manteau terrestre et constitue donc 80 % de la planète. Elle est rare en surface, apparaissant aux endroits où des mouvements majeurs de la croûte l'ont forcée à remonter de dessous le plancher océanique. Très lourde, riche en magnésium et en fer, elle est principalement constituée d'olivine vert sombre.

❷ BASALTE

Sombre et dense, le basalte est la roche constituant les planchers océaniques. Il jaillit des rifts qui marquent les dorsales médio-océaniques, et des volcans de point chaud comme ceux d'Hawaï. Il est créé par la fusion partielle de la péridotite du manteau pour former une lave très fluide contenant de la lourde olivine en quantités bien moindres que la péridotite. C'est ce qui rend le basalte plus léger.

ANDÉSITE ❸

Tirant son nom de la chaîne sud-américaine des Andes, où elle est abondante, l'andésite est une lave solidifiée venue de régions très profondes sous les montagnes. Dans ces secteurs, le basalte de la croûte océanique plonge sous le continent sous l'effet de la subduction, et fond. La roche fondue qui remonte à la surface par les volcans contient moins de minéraux lourds que le basalte, de sorte que l'andésite est une roche plus légère. C'est l'un des principaux constituants des continents.

❹ GRANITE

Toutes les roches contiennent de la silice, que nous utilisons pour fabriquer le verre. Celle-ci peut constituer des minéraux relativement légers qui fondent à des températures beaucoup plus basses que les minéraux lourds présents dans des roches comme le basalte. Lorsque les roches sous les continents sont chauffées, les silicates peuvent former un magma visqueux qui remonte puis refroidit, se muant en granite relativement léger mais très dur. Il est composé essentiellement de feldspath et de quartz clairs et d'une petite quantité de matériaux sombres plus lourds.

❺ RHYOLITE

Le granite provient généralement d'un magma qui a refroidi en profondeur dans la croûte. Le processus alors très lent permet aux gros cristaux du granite de se constituer. Mais si ce magma atteint la surface, il donne une lave très visqueuse qui refroidit rapidement, produisant la rhyolite à fine granulation. La seule différence entre les deux roches est la taille de leurs cristaux. De la même manière, le basalte qui refroidit en profondeur dans la croûte forme une roche à grain grossier appelée gabbro.

❻ OBSIDIENNE

L'obsidienne est une lave qui a refroidi trop vite pour laisser à des cristaux le temps de se former. Elle peut naître à partir de n'importe quel type de lave, mais présente généralement la même composition minérale que la rhyolite et le granite. Sa fracture présente le même aspect ondulé que le silex ou le verre, et des arêtes tout aussi coupantes. C'est pourquoi, comme le silex, elle a servi jadis à fabriquer des outils de pierre. Toujours très sombre, elle est aussi employée comme pierre précieuse.

PONCE ❼

La lave qui jaillit des volcans contient souvent beaucoup de gaz. Ceux-ci s'échappent généralement assez facilement des laves de basalte très liquides, mais beaucoup plus difficilement des laves visqueuses à haute teneur en silice comme la rhyolite. Si la roche se refroidit alors avec des bulles encore incluses, elle devient de la ponce. Celle-ci présente à peu près la même structure que de la mousse et elle est si légère qu'elle flotte sur l'eau.

@ Roche ignée

Les cristaux de rhyolite sont trop petits pour être visibles à l'œil nu.

Les bulles de gaz volcaniques forment une lave moussante qui donne de la ponce.

Les roches ignées intrusives

Le magma qui s'accumule dans les profondeurs de la croûte terrestre tend à remonter à travers les fissures ou sous forme d'énormes masses en fusion. Le magma visqueux qui est à l'origine des granites commence généralement à se solidifier en profondeur sous la surface, créant ainsi d'énormes intrusions de roches ignées appelées batholites. Des millions d'années s'écoulent au cours desquels la roche qui les recouvre est érodée, finissant par être emportée et par dégager ces montagnes de granite. Les laves plus fluides tendent à se solidifier dans les fissures, formant des dykes, ou bien s'insinuent entre les strates rocheuses pour former des filons-couches. La lave peut aussi se solidifier au cœur d'un volcan éteint et se trouver exposée plus tard sous forme de culot volcanique.

▼ LES BATHOLITES GRANITIQUES

La masse arrondie du Pain-de-Sucre, à Rio de Janeiro, au Brésil, fait partie d'un énorme batholite granitique sur lequel la vile a été construite. Formé, à l'origine, dans les profondeurs de la croûte terrestre, le granite est beaucoup plus dur que les roches environnantes. C'est pourquoi il a résisté à l'érosion qui a emporté le reste des terrains. On rencontre des batholites en France sur le mont Lozère ou en Margeride, par exemple.

Le granite du Pain-de-Sucre a 800 millions d'années.

Les intrusions de roches ignées dures forment un mur rocheux.

◀ LES DYKES

Lorsque le magma en fusion parvient à s'insinuer vers le haut à travers des fissures verticales, il forme des dalles de roches ignées appelées dykes. Celles-ci se refroidissant beaucoup plus vite que les grosses intrusions, la roche présente des cristaux plus petits et un grain beaucoup plus fin. Par endroits, les dykes peuvent former des murailles en forme d'anneau autour d'anciens cratères volcaniques car ils se sont formés dans des fissures circulaires dues à des effondrements du volcan.

▼ LES COULÉES BASALTIQUES

Les trapps du Deccan sont des couches de basalte de plus de 2 km d'épaisseur recouvrant 500 000 km² dans le centre de l'Inde. Il s'agit d'extrusions et non d'intrusions, parce qu'ils se sont formés par l'épanchement d'énormes masses de basalte en fusion solidifiées par couches successives.
Les trapps sont sortis de terre il y a 65 millions d'années, au moment où s'éteignaient les dinosaures et les deux phénomènes sont peut-être liés.

LES CULOTS VOLCANIQUES ▶

La chambre magmatique située sous un volcan peut se durcir de la même manière qu'un batholite granitique. Si, une fois le volcan éteint, la roche plus tendre qui la recouvre s'érode, le magma durci apparaît sous la forme d'un culot volcanique. La Devil's Tower, dans le Wyoming, aux États-Unis, s'est formée de cette manière. En se refroidissant, la roche s'est contractée et s'est fracturée en colonnes verticales appelées orgues, qui donnent à ce rocher son aspect caractéristique.

LES FILONS-COUCHES ▶

Si la roche en fusion parvient à s'introduire entre deux couches de roches sédimentaires, il en résulte un filon-couche. Celui-ci peut présenter n'importe quel degré d'inclinaison, selon la pente de stratification du terrain. Ainsi, le Whin Sill (ci-contre), en Angleterre, est une couche légèrement inclinée de basalte grossier de quelque 30 m d'épaisseur. Il expose sa tranche qui présente une structure analogue à celle de la paroi de Devil's Tower (ci-dessus). Les Romains se servirent du Whin Sill comme fondation pour construire le mur d'Hadrien, qui marquait la frontière septentrionale de leur empire.

◀ **LA DISSOLUTION DES CALCAIRES**
L'eau de pluie dissout le dioxyde de carbone de l'air pour produire un acide faible : l'acide carbonique. Celui-ci attaque la plupart des roches, mais plus particulièrement les calcaires. L'eau s'immisce dans les moindres craquelures du sol qu'elle élargit peu à peu pour former, en surface, des dallages calcaires fissurés, et en sous-sol des réseaux de grottes. Dans les collines de Guilin, en Chine, d'énormes quantités de calcaire ont été complètement dissoutes, ne laissant que des petits pics isolés qui finiront, eux aussi, par disparaître.

Les effets de l'érosion

Dès que la roche solide est exposée à l'air libre, elle commence à être attaquée par les agents climatiques. Elle est cuite par le soleil, fractionnée par le gel, dissoute par l'eau de pluie, qui est naturellement un peu acide, et emportée par les courants d'air et d'eau. Les fragments de roche et de sable, charriés par le vent, les rivières et les glaciers, contribuent à leur tour à abraser les roches contre lesquelles ils frottent ou sont projetés. Petit à petit, en un lent processus appelé érosion, qui se mesure à l'échelle des temps géologiques, les roches sont usées. Toutes sont affectées, quelle que soit leur origine et leur formation. Bien sûr, les plus dures résistent plus longtemps et survivent aux roches tendres qui sont érodées plus vite. Mais toutes finissent tôt ou tard par disparaître.

▼ **LA PUISSANCE DU VIVANT**
Les êtres vivants jouent un rôle complémentaire dans l'érosion. Les racines des arbres comme celui-ci (ci-dessous) peuvent s'insérer dans les fissures des roches et les briser. Les lichens qui poussent sur les rochers produisent des acides qui dissolvent en partie les minéraux. Quant aux micro-organismes qui vivent dans le sol et dans certaines roches, ils contribuent eux aussi à la dégradation des minéraux.

OUEDS ET CANYONS ▼
Dans les déserts, les orages rares mais violents provoquent des crues-éclairs qui se répandent en torrents sur les roches nues, sculptant des gorges que l'on appelle, selon les lieux, des oueds, des arroyos ou des canyons. L'eau charrie du sable, des pierres et des rochers qui, au cours des milliers d'années, peuvent donner à la roche des formes fantastiques, comme ici à Antelope Canyon, aux États-Unis.

@ Érosion

▲ **L'EXFOLIATION**
Les roches comme le granite se forment en profondeur dans le sous-sol dans des conditions de chaleur et de pression extrêmes. Quand elles se retrouvent exposées à l'air, elles refroidissent et se contractent sous l'effet de la chute de pression. Cela peut entraîner leur séparation par couches comme de la peau d'oignon : un processus appelé exfoliation, accéléré par les journées chaudes et les nuits froides.

◀ LA GÉLIFRACTION

Sous les climats froids et en haute altitude, l'eau qui s'insinue dans les fissures et les crevasses de la roche gèle durant la nuit, augmentant de volume de près de 10 % tandis qu'elle se transforme en glace. Ce faisant, elle exerce d'énormes pressions au sein de la roche, dont elle écarte les blocs. Des gels et dégels répétés finissent par fragmenter la masse rocheuse, un processus que l'on appelle gélifraction. Il entraîne l'accumulation, au bas des falaises, d'éboulis formant des pentes abruptes.

MESAS ET BUTTES TÉMOINS ▼

Monument Valley, dans l'ouest des États-Unis, est un paysage de plateaux isolés et de pinacles rocheux appelés mesas et buttes témoins. Ils sont le résultat de millions d'années d'érosion par des crues éclairs se déversant sur le sol nu du désert, qui avait été antérieurement surélevé par les mouvements géologiques. La majeure partie de la surface a été emportée, ne laissant que ces « monuments » rocheux, vestiges de l'ancien vaste plateau qui occupait jadis les lieux.

Les parois à pic de cette butte témoin montrent les couches horizontales empilées formant la roche.

▲ SABLAGE NATUREL

Dans les zones désertiques, où il existe peu de végétation pour assurer la cohésion du sol, le vent emporte les grains de sable et les précipite contre les roches exposées. Le sable projeté élargit la moindre fissure mais peut aussi abraser la surface rocheuse, lui donnant des courbes lisses comme ici à Coyote Buttes, aux États-Unis. Les lignes incurvées marquent les couches de roches stratifiées.

◀ L'ACTION INCESSANTE DES VAGUES

Sur les côtes marines exposées, les vagues puissantes viennent se briser contre le littoral, pénétrant les moindres fissures et exerçant d'énormes pressions hydrauliques capables de faire éclater la roche. Les débris rocheux charriés par l'eau achèvent ce travail de démolition. Comme le montrent ces îles en forme de champignon, dans le Pacifique, l'érosion active se produit au niveau des vagues, qui sapent la roche à la base et finissent par provoquer l'éboulement des falaises dans la mer.

Transport et sédimentation

Les débris d'érosion arrachés aux roches exposées sont emportés par l'eau et le vent. Les plus gros sont charriés et roulés, tandis que les particules les plus fines sont entraînées en suspension. Mais tôt ou tard, le courant qui les déplace ralentit, et les éléments qu'il emporte finissent par se déposer : c'est la sédimentation. Les particules se déposent par ordre de taille décroissante. Les éléments les plus gros et plus lourds s'arrêtent les premiers. Les grains les plus légers, qui composent les vases et les limons, se sédimentent les derniers dans les endroits abrités où le courant est le plus faible.

Rochers

▲ LES ROCHERS

Il faut beaucoup d'énergie pour déplacer les gros rochers. C'est pourquoi, sur les côtes, ils ne sont jamais emportés loin des falaises exposées. Dans les rivières, ils ne font que glisser sous l'action des torrents qui dévalent les pentes après les fortes pluies ou lors de la fonte des neiges. Quant aux blocs erratiques déposés dans les plaines, ils ont généralement été transportés par des glaciers au cours des ères glaciaires passées.

Galets

Forme arrondie provoquée par le transport dans l'eau

▲ LES GALETS

Avec le temps, les rochers finissent par se briser en cailloux plus petits et plus légers, qui sont poussés plus facilement par les courants aquatiques et peuvent être entraînés beaucoup plus loin. Roulés sur le fond et projetés par le courant contre les autres cailloux et les rochers, leurs arêtes saillantes s'émoussent peu à peu pour produire des galets aux formes arrondies et polies.

Graviers

LES LITS DE GRAVIERS ▶

De nombreux cours d'eau d'altitude se transforment en torrents lors de la fonte des neiges au printemps. Les eaux impétueuses charrient alors des masses de petits cailloux qu'elles déposent dans les portions plus lentes de leur cours sous la forme de lits de graviers. On en rencontre aussi dans les rivières de plaine qui ont connu, durant l'ère glaciaire, un régime torrentiel au printemps.

▲ LES PLAGES DE SABLE

Les côtes rocheuses qui s'avancent dans la mer sont souvent parsemées de baies abritant des plages de sable. Le sable est tout ce qui subsiste des roches qui ont été, peu à peu, brisées par les vagues. Les courants entraînent le sable dans les baies abritées où il peut se déposer parce que l'eau ne s'y déplace plus avec la même vigueur.

◀ LA POUSSIÈRE PORTÉE PAR LE VENT

Les vents puissants peuvent soulever la poussière de roches et l'emporter sur de grandes distances avant de la laisser se déposer sous la forme de sédiments fins appelés lœss. Les plus connus se trouvent dans le nord de la Chine, où d'épais dépôts de lœss jaune constituent de fertiles terres agricoles. Mais ils s'érodent facilement et sont charriés par le fleuve Jaune, qui leur doit son nom, jusque dans la mer Jaune.

▲ LES DUNES

Le long des côtes et dans les déserts, le vent accumule le sable sec en immenses dunes. Il pousse les grains de sable vers le haut des pentes jusqu'à ce que ceux-ci basculent de l'autre côté de la crête de la dune. Ainsi, peu à peu, les dunes se déplacent dans le sens du vent. Sur les côtes, les dunes se stabilisent dès qu'elles pénètrent dans les terres tandis que de nouvelles se forment derrière. Dans les déserts, en revanche, elles peuvent se déplacer pendant des milliers d'années, formant de vastes mers de sable dans des régions du monde comme l'Arabie.

◀ LES DELTAS

Un fleuve puissant peut transporter d'énormes quantités de sédiments vers la mer. Là, il perd son énergie et les sédiments se déposent sur le fond marin en un vaste éventail, parfois si lourd qu'il déforme la croûte terrestre. L'ensablement progressif provoque une avancée de l'embouchure du fleuve qui s'élargit en un vaste delta formé de chenaux nombreux, comme celui du Gange, au Bangladesh (ci-contre).

◀ LES ESTUAIRES BOUEUX

Dans les rivières à cours lent, à l'approche de la mer, toutes les fines particules en suspension dans l'eau se déposent pour former d'épaisses couches de vase sur les hauts fonds balayés par la marée. C'est en partie parce que les marées montantes arrêtent le courant de la rivière, mais aussi parce que l'eau salée provoque l'agrégation des particules de boue en masses plus lourdes qui tombent au fond. Les vasières ainsi formées sont découvertes à marée basse.

❶ LES ARGILES

L'argile est la roche la plus tendre, créée par de petits débris de minéraux produits par l'érosion de roches dures comme le granite, combinés avec au moins 17 % d'eau. Dans ces conditions, l'argile apparaît sèche et cassante mais elle a la capacité d'absorber plus d'eau, devenant alors collante. Le fait de la chauffer dans un four élimine toute l'eau et la transforme en un matériau dur comme de la pierre.

❷ LES ARGILES LITÉES

Les particules d'argile qui se sédimentent dans des eaux profondes et calmes forment des couches de boue. Avec le temps, le poids des sédiments qui s'accumulent éjecte l'eau contenue dans les couches inférieures, celles-ci se transformant alors en argiles litées. Il s'agit de roches relativement tendres qui se séparent facilement le long de lignes de clivage entre les couches initiales. Les scientifiques parviennent à mettre au jour des fossiles dans les schistes en clivant les couches à l'aide d'un burin.

❸ LES CONGLOMÉRATS

La plupart des roches sédimentaires sont constituées de petits fragments rocheux ou minéraux. Les conglomérats, quant à eux, sont faits de fragments plus gros qui ont été cimentés. Lorsqu'il s'agit de galets aux formes arrondies, jadis transportés par l'eau, on les appelle des poudingues ; ce sont souvent les vestiges d'anciennes plages. Lorsqu'il s'agit de blocs aux arêtes vives, jadis transportées par les glaciers, on les appelle des brèches.

❹ LES ÉVAPORITES

Ces roches se sont formées par l'évaporation d'eaux qui contenaient beaucoup de sels minéraux dissous. Tandis que l'eau s'échappait sous forme de vapeur, les minéraux sont restés sur place. L'évaporation de l'eau de mer, par exemple, laisse d'épais dépôts de sel, qui sont ensuite enfouis et comprimés en sels de roche.

❺ LES GRÈS

Parmi les roches sédimentaires les plus faciles à identifier figurent les grès, constitués de grains de sable cimentés entre eux. Certains se sont formés sous l'eau. D'autres sont des dunes de sable de milieux désertiques fossilisées et sont faits de grains arrondis et « dépolis » dans un lointain passé sous l'effet de l'érosion par le vent. Certains grès se désagrègent facilement mais d'autres, comme ceux qui composent les monolithes de Stonehenge, en Grande-Bretagne, sont extrêmement durs.

Les roches sédimentaires

Les sédiments transportés par l'eau ou le vent peuvent s'accumuler en couches épaisses, soit sur la terre ferme, soit, plus communément, sur les fonds marins. À mesure que les matériaux s'accumulent, leur poids comprime les couches inférieures. Au cours des millions d'années, les minéraux dissous dans l'eau de mer – ou l'eau douce – viennent cimenter entre eux les grains comprimés de sédiments, formant peu à peu des roches sédimentaires. La plupart sont composées de débris rocheux, mais les calcaires typiques sont constitués des squelettes et des coquilles d'organismes marins, tandis que le charbon a pour origine des restes de végétaux morts de très longue date.

6 LES CALCAIRES

Les organismes marins absorbent les minéraux calcaires dissous dans l'eau de mer et s'en servent pour fabriquer leur squelette ou leur coquille. Lorsqu'ils meurent et se décomposent, seuls subsistent ces matériaux calcaires qui s'accumulent en couches sur le fond marin. Avec le temps, ces couches se trouvent comprimées sous forme de craies ou d'autres roches calcaires, renfermant souvent des fragments de coquilles visibles.

7 LES SILEX

La craie est un calcaire tendre constitué des squelettes calcaires d'innombrables micro-organismes marins ayant vécu il y a environ 100 millions d'années dans des mers tropicales peu profondes. Elle renferme souvent des nodules de silex noir et dur, probablement formés à partir des squelettes vitreux d'autres organismes tels que les éponges. Le silex évoque beaucoup le verre, produisant, comme ce dernier, des arêtes très coupantes lorsqu'il se fracture. Il était très utilisé par les hommes préhistoriques pour fabriquer des outils.

8 LES CHARBONS

Lorsque des restes de végétaux s'accumulent sur des terrains gorgés d'eau et renfermant très peu d'oxygène, ils se transforment en tourbe. Si cette tourbe se trouve enfouie profondément sous des couches de sédiments, elles est alors comprimée et échauffée et se transforme en charbon, une roche d'un noir brillant utilisable comme combustible. Les formes de charbon les plus âgées et les plus dures se sont constituées à partir de plantes ayant vécu il y a quelque 300 millions d'années, et sont composées de carbone presque pur.

Les fossiles

Les sédiments accumulés, avec le temps, se transforment en roches. Un organisme qui s'y trouve rapidement enfoui après sa mort, au lieu d'être détruit par un processus normal de décomposition, a de bonnes chances d'être préservé sous forme fossile. Une fois enseveli, les minéraux qui l'enveloppent remplacent peu à peu la matière organique qui le composait, le transformant lentement en pierre. Le phénomène se produit surtout avec les matériaux durs, comme les coquilles et les os, plus rarement avec les tissus mous. Grâce à lui, nous savons à quoi ressemblaient les êtres qui peuplaient la Terre dans son lointain passé.

❷ LA DÉCOUVERTE
Après être restés enfouis pendant des millions d'années, les fossiles se trouvent en partie exposés par l'érosion des roches qui les entourent. Ils peuvent être soudain mis au jour par l'effondrement d'une falaise côtière, ou par de fortes pluies qui emportent la terre. Les spécialistes reviennent souvent sur les sites favorables. Lorsqu'ils découvrent un fossile, ils commencent à dégager la roche qui l'enserre.

❶ LA FOSSILISATION

La plupart des organismes sont détruits après leur mort, mais dans de rares cas, ils sont ensevelis dans des conditions qui favorisent leur conservation. Les insectes et les araignées englués il y a des millions d'années dans de la sève collante ont été parfaitement préservés dans ce liquide durci devenu de l'ambre. Des coquilles et des os de dinosaures ont été imprégnés d'eau contenant des minéraux dissous qui les ont lentement fossilisés. Même une empreinte dans la boue peut être préservée si elle est rapidement recouverte.

Seule la coquille dure de cet ancien animal marin a été conservée à l'état de fossile.

Dans l'ambre, les moindres détails du corps de cette araignée ont été préservés.

❸ L'EXTRACTION

Les petits fossiles sont souvent faciles à dégager, en particulier si la roche autour est assez tendre. Les plus gros, tels les squelettes de dinosaures, sont beaucoup plus délicats car les os sont lourds et souvent fragiles. Pour les protéger en attendant de les extraire, les fouilleurs les recouvrent de plâtre. Une fois totalement libérés de leur gangue, ils sont entièrement recouverts de plâtre afin de pouvoir les transporter sans risque vers le laboratoire.

❹ LA PRÉSERVATION

Les fossiles qui viennent d'être dégagés du sol sont rarement en parfait état. Ils sont généralement enveloppés d'une « matrice » rocheuse qui doit être éliminée à l'aide d'outils allant du burin à la roulette de dentiste. Une fois libérés, les os sont protégés, souvent avec un vernis qui les empêche de s'effriter. Les scientifiques peuvent alors commencer à reconstituer leur assemblage.

3

4

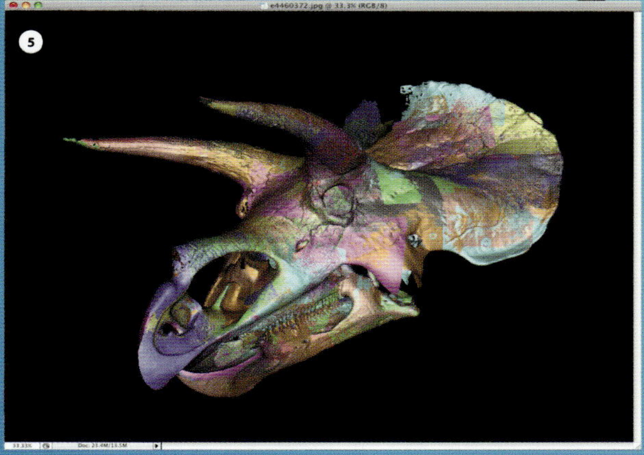

5

6

❻ FOSSILES ET ÉVOLUTION

Les fossiles nous montrent que, bien que les animaux éteints ne ressemblent pas exactement à ceux d'aujourd'hui, ils présentent des similarités. C'est ce qui a fourni les premières preuves de l'évolution des êtres vivants. Les fossiles nous permettent d'en retracer le cours, mais notre connaissance en la matière comporte encore bien des lacunes.

@ Fossile

❺ L'INTERPRÉTATION

De nombreux fossiles sont incomplets, composés seulement de quelques os ou même de fragments d'os. Les scientifiques peuvent utiliser des outils comme les scanners médicaux pour en étudier les infimes détails, mais, même dans ces conditions, il est souvent difficile de déterminer quel était l'aspect d'une espèce et comment elle vivait. Certains indices sont parfois préservés, comme des empreintes de plumes ou d'écailles, que les spécialistes exploitent pour reconstituer l'animal.

Griffe de dinosaure

Trilobite

Les strates géologiques

Les sédiments mous qui se déposent au fond de l'eau s'empilent en couches horizontales. Les couches les plus vieilles se trouvent à la base, les plus jeunes au-dessus, plus près de la surface. Lorsque, sous l'effet de la pression et avec le temps, ces couches sont devenues des strates rocheuses, on y retrouve logiquement le même ordre chronologique, les plus profondes étant les plus anciennes. Leur étude, appelée stratigraphie, est très riche d'enseignements. Ainsi, la nature et la séquence des strates révèlent beaucoup de choses sur les climats et les événements du passé. Mais comme il arrive que les mouvements de l'écorce terrestre plissent et même retournent les strates, les géologues ont besoin de moyens complémentaires pour déterminer l'âge des roches.

▼ LES STRATES HORIZONTALES

Lorsque les sédiments mous se transforment en roches sans être bouleversés, ils produisent des strates horizontales. Les plus profondes sont les plus anciennes. Les roches ci-dessous remontent au Crétacé, période de l'âge des dinosaures. Les couches brune et rouge du bas sont dites du Crétacé inférieur, tandis que la couche blanche plus jeune, au-dessus, appartient au Crétacé supérieur.

▼ LES PREUVES FOSSILES

Les roches sont aujourd'hui datées au moyen de la datation radiométrique. Avant l'avènement de cette méthode, leur âge était estimé par datation relative d'après leur position dans la séquence stratigraphique. Les roches sont aussi datées grâce aux fossiles qu'elles contiennent, car les êtres vivants évoluent au cours du temps. Certains fossiles sont de grande taille, mais la plupart sont constitués par les coquilles et les restes de petits animaux marins.

LES DÉPÔTS DUNAIRES ▼

Les sédiments qui se déposent dans l'eau forment presque toujours des couches horizontales. Une dune de sable, quant à elle, s'accumule sous la forme d'une série de couches inclinées, le sable emporté par le vent se déposant sur le versant abrité. Lorsque la dune se transforme en grès, l'inclinaison des couches est préservée dans la roche. Elle révèle que cette dernière s'est formée dans un désert, même si elle se trouve désormais sous un climat humide.

Sable déposé sur la pente d'une ancienne dune

▼ LES PLISSEMENTS

Si les strates rocheuses sont plissées rapidement sous l'effet d'un puissant séisme, elles se cassent. Mais des contraintes qui s'accumulent peu à peu sur de longues périodes, ou bien sous haute température, les font plier sans rompre. Souvent, les couches semblent simplement inclinées, mais c'est généralement parce que l'on ne peut voir qu'une portion d'un pli de grande ampleur. Quand celui-ci est assez restreint, il laisse voir les strates former des ondulations. Un pli vers le haut est dit anticlinal, et synclinal lorsqu'il est tourné vers le bas. Il existe même des plis déversés qui, localement, retournent complètement certaines strates.

▼ LES PLANS DE FAILLE

Si la strate rocheuse se brise, il en résulte un plan de faille, comme celui sur lequel le grimpeur ci-dessous pose le pied. Une strate peut céder sous l'effet d'une pression extrême ou soudaine, mais le plus souvent à cause de tensions qui étirent la roche. L'une des faces de la faille s'affaisse alors par rapport à l'autre, ou bien remonte sous l'effet d'une pression, et la continuité des strates est rompue. En étudiant celles-ci, on peut retrouver comment elles se joignaient jadis et sur quelle distance elles se sont déplacées.

LES DISCORDANCES ▼

D'anciennes strates plissées et distordues se trouvent souvent érodées en surface. Si de nouvelles couches rocheuses viennent ensuite se déposer par-dessus, cela crée ce que les géologues appellent une discordance. Celle-ci n'apparaît que si les deux groupes de strates sont mis au jour ensemble sur la paroi d'une falaise. Les discordances sont les preuves de bouleversements très importants, par exemple une chaîne montagneuse qui aurait été érodée, puis submergée par un océan.

Les strates plissées démontrent l'ampleur des mouvements de la croûte terrestre.

Les alpinistes mettent souvent à profit les plans de faille pour trouver des prises.

Les roches au-dessus de cette discordance sont beaucoup plus jeunes que celles en dessous.

LES SCHISTES

Des roches métamorphiques assez tendres comme l'ardoise naissent de pressions et de températures modestes. Si ces dernières sont plus élevées, elles produisent des schistes. Ceux-ci renferment des cristaux plus gros, tels le mica et le grenat. Les cristaux y sont alignés en feuilles, comme dans l'ardoise.

LES GNEISS

Les pressions et les températures très élevées forment les roches métamorphiques les plus dures : les gneiss. Ces roches présentent des bandes claires et sombres qui indiquent comment elles se sont formées. C'est parmi les gneiss que figurent les plus vieilles roches de la Terre, trouvées au Groenland et au Canada. Elles sont nées il y a 4 milliards d'années, à partir de roches probablement plus anciennes encore.

Le marbre peut être rayé par l'acier.

LE MARBRE

Le marbre, l'une des roches métamorphiques les plus familières, est une forme altérée du calcaire. Certains types sont le résultat d'une cuisson et contiennent des fossiles intacts de coquilles d'animaux marins. D'autres, comme ceux-ci, ont été créés par de très fortes pressions qui ont comprimé les minéraux en couches. Constitué le plus souvent de calcite assez tendre, le marbre est facile à travailler et très prisé en sculpture.

Des minéraux forment des bandes colorées.

Loupes

Marteau de géologue

L'ARDOISE

Lorsque de l'argilite ou une argile litée est chauffée et comprimée par les mêmes forces qui érigent les montagnes, de nouveaux minéraux se forment dans les couches aplaties par la pression. L'ardoise, une roche facilement séparable en feuilles minces, est alors produite. Elle est typique du métamorphisme régional, qui affecte les roches sur de grandes surfaces.

Les roches métamorphiques

Les forces qui parviennent à plier, briser et faire fondre les roches sont aussi capables de modifier leur nature physique. Ainsi, une pression extrême peut avoir pour effet d'endurcir une roche et d'aligner ses cristaux en bandes distinctes, cas de l'argile litée transformée en ardoise, par exemple. La chaleur peut provoquer une fonte partielle suivie d'une recristallisation en minéraux nouveaux. On voit alors apparaître des gemmes comme le grenat dans certains schistes, ou des veines de métaux précieux. Ces processus de transformation des roches, dits métamorphiques, sont souvent déclenchés par des intrusions de magma en fusion qui déforment et cuisent la roche alentour.

Roche métamorphique

LE QUARTZITE

Lorsqu'un grès est suffisamment chauffé, les cristaux de quartz formant les grains de sable se soudent entre eux. Cela crée une roche très dure et résistante appelée quartzite. De nombreux sommets montagneux résistent à l'érosion parce qu'ils sont recouverts d'une couche pâle et scintillante de quartzite.

L'ÉCLOGITE

La plupart des roches métamorphiques se forment à partir de roches sédimentaires, mais sous des conditions extrêmes de chaleur et de pression, même les roches ignées très dures peuvent subir des transformations. Ainsi, à grande profondeur dans la croûte terrestre, le granite peut être transformé en un type de gneiss, tandis que le gabbro plus lourd et plus sombre, peut devenir de l'éclogite.

LA CORNÉENNE

Une roche cuite par une intrusion proche de magma en fusion comme celui qui donne le granite, devient plus dure et souvent ponctuée de cristaux de minéraux nouvellement formés. Appelée cornéenne, elle a perdu toutes ses caractéristiques originelles, alors qu'elles peuvent être préservées dans les roches plus éloignées de la source de chaleur.

LAVE VOLCANIQUE

Le magma remonte.

LA LAVE VOLCANIQUE

La majeure partie des roches qui jaillissent des volcans continentaux forment de vastes dépôts de lave et de cendres. Ces dépôts constituent les continents qui peuvent exister des milliards d'années, mais une partie des roches est détruite par l'érosion et retourne à l'océan. De grandes quantités de cendres s'accumulent dans les airs et retombent en mer.

Roches soulevées

La roche exposée est érodée et emportée.

INTRUSIONS IGNÉES

LES INTRUSIONS IGNÉES

Des magmas visqueux riches en silice se forment en profondeur dans la croûte continentale et remontent doucement pour se solidifier en sous-sol, prenant la forme d'intrusions granitiques. Lorsque celles-ci se retrouvent exposées par le jeu de l'érosion, le granite est attaqué par l'eau de pluie et réduit en sable et en argile, emportés vers l'océan.

Le magma se solidifie.

La pression transforme la roche.

LE MAGMA

La roche sous la croûte terrestre est très chaude mais elle est normalement maintenue à l'état solide par la pression intense. Le long des rifts, toutefois, la pression est réduite, et l'eau contenue par la croûte océanique abaisse localement le point de fusion de la roche. Ceci en transforme une partie en magma que rejettent les volcans ou qui remonte en intrusions granitiques.

Roche enfouie plus profondément

MAGMA

Fonte des roches métamorphiques

Roche métamorphique solide

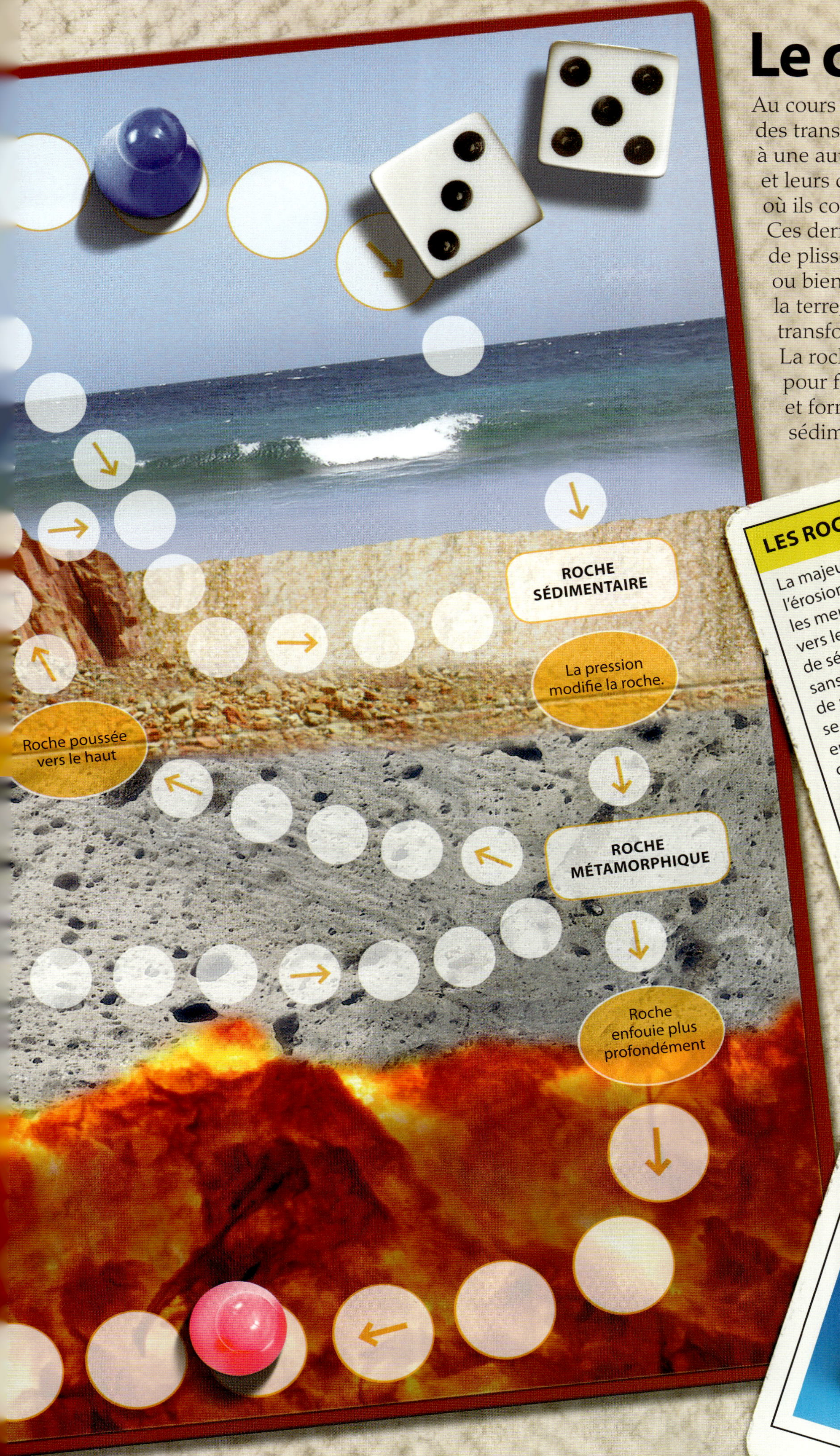

Le cycle des roches

Au cours des temps géologiques, les roches subissent des transformations qui les font passer d'une forme à une autre. Les montagnes sont usées par l'érosion et leurs débris sont emportés vers la mer où ils constitueront les roches sédimentaires. Ces dernières peuvent ensuite être surélevées lors de plissements dus aux mouvements tectoniques, ou bien se retrouver enfouies profondément dans la terre, où elles entreront en fusion ou seront transformées en roches métamorphiques. La roche en fusion, en remontant, se refroidit pour former des roches ignées qui seront érodées et formeront de nouveaux sédiments.

LES ROCHES SÉDIMENTAIRES

La majeure partie des débris dus à l'érosion des roches est entraînée vers les mers peu profondes. Là, ils tombent vers le fond où ils forment d'épais dépôts de sédiments. Avec le temps, enfouis sans cesse plus profondément par de nouveaux apports, les sédiments se trouvent comprimés et cimentés en roches sédimentaires stratifiées comme les grès et les argiles litées.

LES ROCHES MÉTAMORPHIQUES

Les roches sédimentaires, enfouies et comprimées par les forces tectoniques, s'échauffent et subissent d'intenses pressions. La pression accrue les rend plus denses et provoque la recristallisation de leurs ingrédients en minéraux nouveaux, formant des roches métamorphiques. Celles-ci peuvent ensuite fondre partiellement pour produire du magma qui deviendra du granite.

Les sols

Les sols sont essentiels à la majeure partie des plantes parce qu'ils leur fournissent les substances qu'elles utilisent comme nutriments. Ils sont constitués de roches qui ont été dissociées en fragments minéraux puis mélangées avec de l'humus, un compost provenant des restes de plantes et d'animaux morts décomposés par les innombrables organismes du sol. Le mélange constitue ce que l'on appelle couramment la terre. L'activité des organismes du sol est affectée par le type de roche sous-jacente, le climat et la végétation. Leur diversité est à l'origine des nombreux types de sols, au degré de fertilité très variable, que l'on rencontre dans la nature.

Le sol est peu profond, essentiellement composé d'argile et de fragments rocheux.

❸ LES SOLS DES PRAIRIES

Des graminées qui poussent, meurent et se décomposent pendant des siècles sur les prairies et les steppes donnent naissance à un sol brun profond et fertile renfermant beaucoup de matière organique. Ni acide ni alcalin, il est idéal pour les bactéries qui dégradent la matière organique en nutriments. Il convient aussi aux vers de terre qui brassent le sol et le maintiennent homogène. La plupart des prairies sont aujourd'hui cultivées car très fertiles.

Une terre brune et fertile forme une épaisse couche par-dessus le sous-sol minéral.

Un humus noir recouvre une couche sableuse délavée et pâle.

❶ LES SOLS JEUNES

Beaucoup de sols se développent à partir de roches solides dégradées par l'érosion. Ce sol argileux est en train de se former à partir d'argilite, elle-même fragmentée par les racines des plantes qui plongent à travers à la recherche d'eau. Le sol au-dessus de la roche est trop jeune pour présenter des couches distinctes mais avec le temps, une couche fertile va se développer près de la surface.

❷ LES SOLS TEMPÉRÉS ACIDES

L'eau qui s'infiltre à travers le sable et le gravier dissout les nutriments alcalins disponibles pour les plantes, les entraînant plus profond dans la terre. Cela crée des couches de sol distinctes, celles les plus proches de la surface étant trop acides pour beaucoup de plantes. Seules les plantes acidophiles telles que pins, bruyères, bouleaux, peuvent s'y développer, formant des bois de conifères, des landes et des tourbières.

❺ LES SOLS TOURBEUX

Ces sols sont, à l'origine, des masses de végétation gorgée d'eau et peu ou pas décomposée, qui s'accumulent dans les milieux humides, formant des tourbières. Il en existe de différents types. Les tourbières alimentées par l'eau de pluie sont très acides, essentiellement à cause du développement des sphaignes, une espèce de mousse qui acidifie l'eau. Celles-ci contiennent peu d'éléments minéraux nutritifs. Les tourbières alimentées par l'eau de ruissellement sont moins acides et ont une plus forte teneur en minéraux. Asséchées, elles produisent des sols fertiles. Les sols tourbeux sont des sols légers, facilement emportés par le vent s'ils sont dénudés.

Un sol forestier présente des couches distinctes, mais est plus fertile qu'un sol acide.

Les restes de plantes s'accumulent et se transforment graduellement en tourbe foncée.

À Hawaï, le sol volcanique est rougi par l'oxyde de fer.

❹ LES SOLS FORESTIERS

Les sols qui se forment sous les arbres à feuilles caduques, tels les chênes et les érables, reçoivent des apports réguliers de matière organique grâce aux feuilles qui tombent à chaque automne. Les feuilles renferment des substances acides qui dissolvent en partie certains des minéraux des couches supérieures et les entraînent en profondeur. Toutefois, les bactéries et les vers y restent abondants et le sol est naturellement fertile.

❻ LES SOLS VOLCANIQUES

Les roches qui jaillissent des volcans sont riches en minéraux dont les plantes ont besoin. C'est pourquoi les sols qui se développent à partir des cendres volcaniques refroidies sont souvent très fertiles. Le basalte produit par certains volcans contient aussi beaucoup de fer. Un sol volcanique peut contenir de gros blocs de lave solidifiée soufflés du cratère, et parfois des couches claires de cendres marquant des éruptions récentes.

DENTELLES D'EAU
Alimentée par l'eau de fonte s'écoulant des glaciers d'Islande, la rivière Pjórsá forme un réseau en dentelles de chenaux courant sur le sable et les graviers. Ici, le paysage est modelé par l'eau courante.

L'eau et le climat

L'eau et la glace

La caractéristique qui fait de la Terre une planète si particulière, c'est la présence, à sa surface, d'eau liquide, *la* substance essentielle à la vie telle que nous la connaissons. Pourtant, en tant que composé simple d'oxygène et d'hydrogène, l'eau est probablement commune dans tout l'Univers, mais essentiellement à l'état de glace solide ou de vapeur gazeuse. La glace et la vapeur d'eau, en effet, sont assez abondantes dans le Système solaire lui-même. En revanche, l'eau liquide est rare, principalement parce que les autres planètes sont soit trop chaudes, soit trop froides. La terre est donc unique dans le Système solaire par le fait qu'il règne à sa surface des températures permettant à l'eau d'exister sous ses trois états, parfois au même endroit et au même moment.

ATOMES ET MOLÉCULES ▼

L'eau est une masse de molécules composées chacune de deux atomes d'hydrogène et d'un atome d'oxygène. C'est ce qu'exprime sa formule chimique H_2O. Les molécules d'eau liquide sont faiblement reliées entre elles par les forces électroniques, ce qui leur permet de se déplacer très librement les unes par rapport aux autres. Lorsque l'eau gèle, ses molécules se retrouvent liées dans une position fixe les unes aux autres. Lorsqu'elle s'évapore, elles se séparent et s'échappent dans l'air.

Glace

La glace présente une structure géométrique régulière des molécules d'eau.

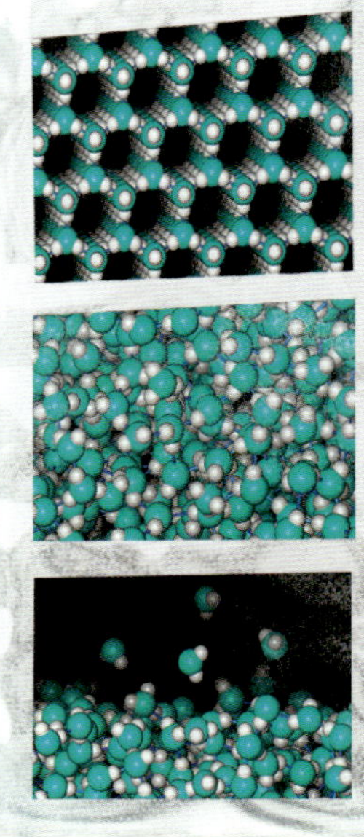

La glace Si l'eau gèle, ses molécules se lient les unes aux autres en un « treillage cristalin » pour former une solide structure de glace.

L'eau À l'état liquide, les molécules d'eau sont liées mais de façon lâche, et mobiles les unes par rapport aux autres.

La vapeur L'énergie de la chaleur brise les liens retenant les molécules, qui se séparent pour former un gaz.

◀ L'EAU DANS L'ESPACE

De l'eau tourne en permanence dans le Système solaire sous la forme des comètes, ces « boules de neige sale » faites de glace, de poussières et de fragments rocheux. On la rencontre aussi sur les planètes mais essentiellement sous forme de vapeur ou, comme dans ce cratère près du pôle Nord de Mars, à l'état de glace. Il se pourrait, toutefois, que de l'eau liquide existe sous la surface gelée d'Europe, l'un des satellites de Jupiter. Et là où il y a de l'eau, il pourrait y avoir de la vie.

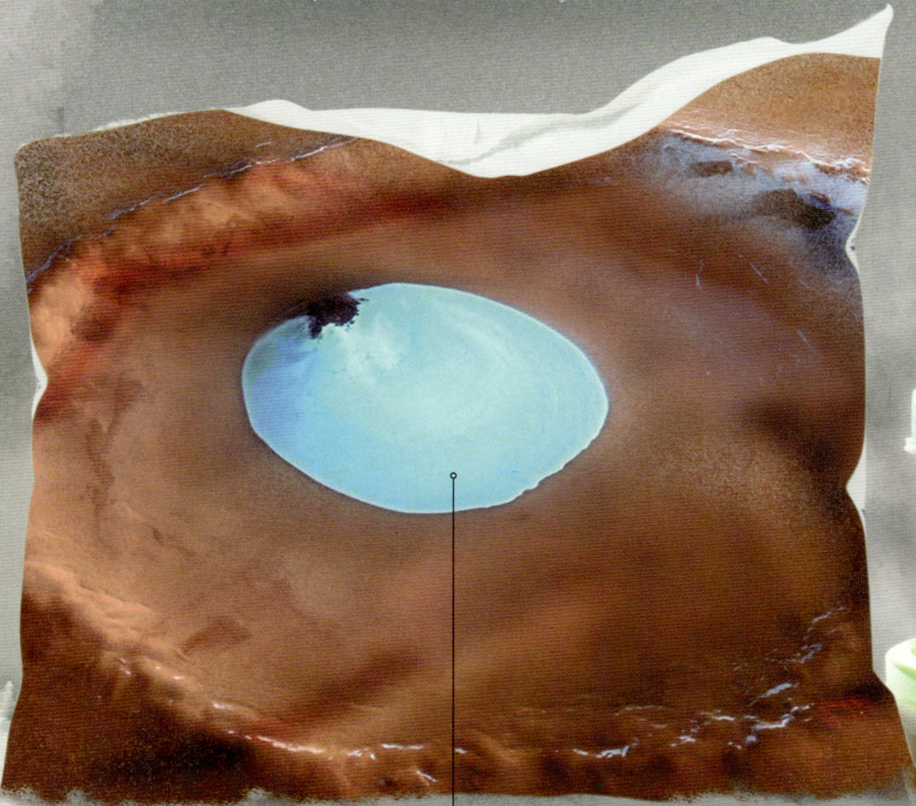

La glace forme une fine croûte sur les dunes de sable du fond de ce cratère, sur Mars.

▼ LA CHALEUR LATENTE

Lorsque l'eau s'évapore, ses molécules absorbent de l'énergie. C'est ce qui leur permet de se déplacer plus vite, si bien qu'elles s'échappent littéralement pour former de la vapeur. Cette énergie absorbée est appelée chaleur latente. Si la vapeur se condense en gouttelettes formant les nuages, la chaleur latente est libérée, réchauffant l'air, ce qui le force à s'élever et développe le nuage vers le haut. Ce phénomène contribue à la formation des cyclones et tempêtes et sous-tend toute la machine climatique de notre planète.

▼ L'EAU SUR TERRE

La majeure partie de l'eau présente sur Terre est salée. Seuls 3 % sont constitués d'eau douce, dont l'essentiel se trouve soit à l'état de glace, soit en profondeur dans le sous-sol. Les deux tiers de ce qui reste sont contenus dans les lacs et les milieux humides et, à bien moindre échelle, dans les rivières. Presque 10 % de l'eau douce non gelée ni souterraine se trouvent à l'état de vapeur d'eau atmosphérique ou de nuages.

▼ LA GLACE FLOTTANTE

Lorsque l'eau gèle, ses molécules se retrouvent immobilisées dans une structure cristalline, mais plus distantes les unes des autres qu'elles ne le sont dans l'eau liquide, même très froide. Cela signifie que la glace est moins dense que l'eau et fait qu'elle flotte à sa surface. L'eau est la seule substance à se comporter de cette manière. C'est un point essentiel au développement de la vie sur Terre, car si l'eau coulait en gelant, une partie des fonds océaniques serait probablement prise par les glaces.

▼ L'EAU ET LA VIE

Les forces électroniques qui lient les molécules d'eau entre elles leur permettent de se lier aussi aux atomes d'autres substances, telles que les sels, et de les dissoudre. Cette propriété fait de l'eau un support et un milieu idéal pour toutes les réactions chimiques qui sont à la base de la vie. Les cellules vivantes comme ces bactéries sont, fondamentalement, des enveloppes remplies d'eau renfermant des substances chimiques dissoutes que les organismes utilisent pour alimenter leurs activités et fabriquer leurs tissus.

Le cycle de l'eau

L'eau qui s'évapore des océans forme les nuages poussés par le vent vers les terres. Là, les nuages sont renforcés par la vapeur d'eau qui se forme également au-dessus des milieux humides continentaux. L'eau qu'ils contiennent finit par retomber sous forme de pluie et de neige, puis celle-ci s'infiltre dans le sol, est collectée par les ruisseaux et rivières et revient vers l'océan. Au cours de ce grand cycle, l'eau salée océanique est transformée en eau douce, laquelle dissout les minéraux du sol et les emporte vers la mer. Certaines parties de ce cycle sont rapides, s'effectuant en quelques jours ou quelques semaines, tandis que d'autres mettent des centaines, voire des milliers d'années, pour s'accomplir.

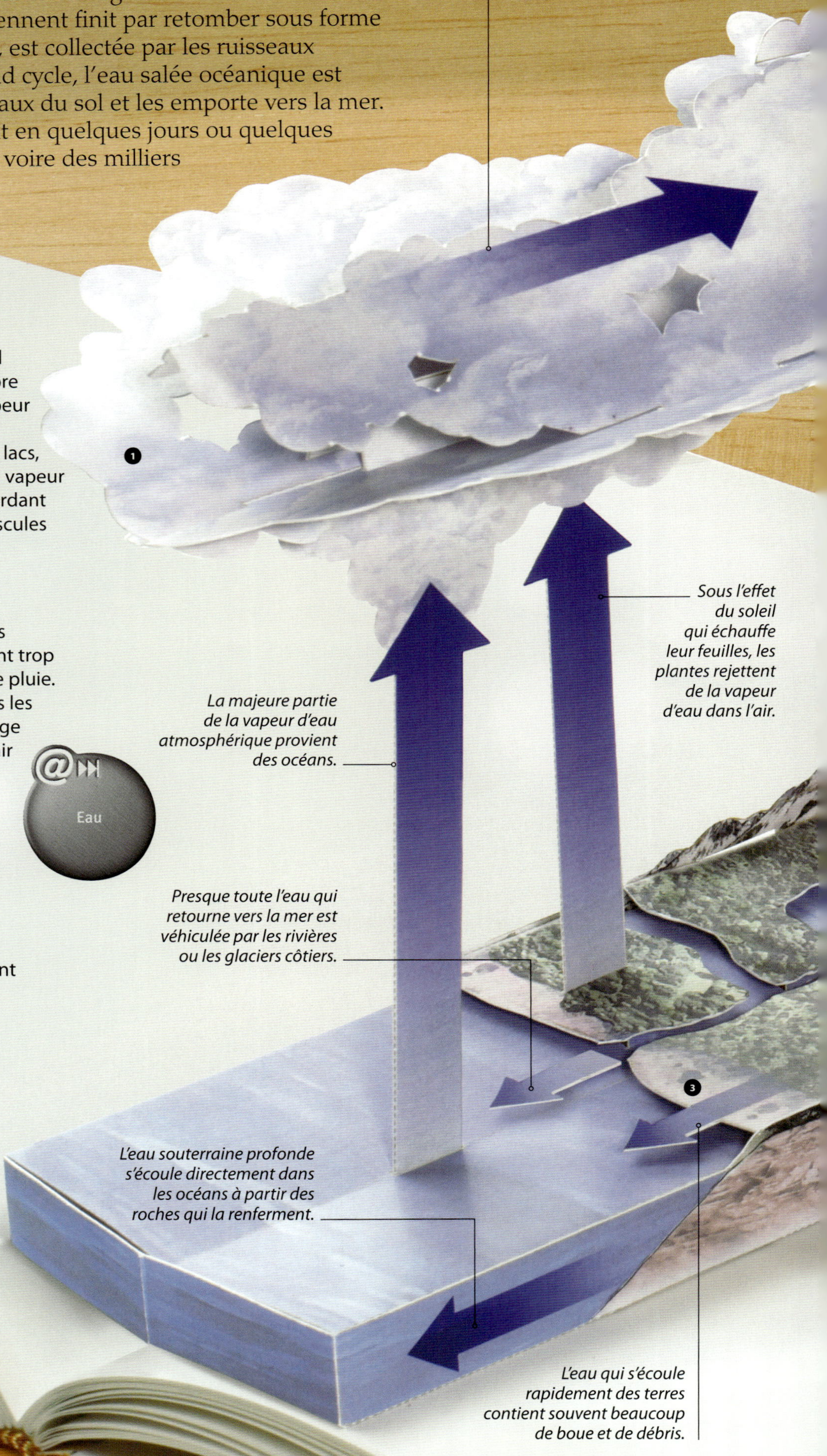

❶ LA VAPEUR D'EAU

À la surface de l'océan, les molécules d'eau chauffées par le soleil absorbent de l'énergie. Certaines en acquièrent assez pour rompre leur lien avec l'eau liquide et s'élever dans l'air sous forme de vapeur d'eau pure, laissant derrière elles toutes les impuretés dissoutes, tel le sel. Le même phénomène se produit, à terre, avec l'eau des lacs, des rivières et celle que les plantes rejettent par transpiration. La vapeur d'eau est un gaz invisible, mais en s'élevant elle se refroidit et, perdant son énergie, elle reprend son état liquide sous la forme de minuscules gouttelettes qui constituent les nuages.

❷ LA PLUIE ET LA NEIGE

Au sein des nuages, les courants d'air rassemblent les minuscules gouttelettes en gouttes plus grosses. Lorsque celles-ci deviennent trop lourdes pour être portées par l'air, elles retombent sous forme de pluie. Le même processus agrège les minuscules cristaux de glace dans les nuages plus froids et les fait retomber en neige. La pluie et la neige tombent plus abondamment sur les reliefs, car ceux-ci forcent l'air humide à s'élever à des altitudes où il fait plus froid, ce qui provoque la formation de nuages en quantité accrue.

@ Eau

❸ L'EAU DE SURFACE

Une partie de l'eau qui retombe en pluie s'écoule directement depuis les terres vers la mer, en particulier dans les régions côtières où les terrains sont constitués de roches dures et de pentes abruptes. Ce type de mouvement rapide est commun aussi dans les zones urbaines, où le béton et l'asphalte empêchent l'eau de pluie de s'infiltrer dans le sol, et la canalisent dans des fossés et des égouts. La déforestation peut avoir un effet similaire en supprimant la végétation qui retient l'eau et l'empêche de s'écouler tout droit vers les rivières.

❹ LE LENT ÉCOULEMENT SOUTERRAIN

Une grande partie de l'eau de pluie est absorbée par le sol et s'infiltre dans les roches poreuses, le sable et les graviers. Dans le sous-sol, la limite supérieure de la zone saturée en eau est appelée niveau hydrostatique : si l'on creuse jusqu'à cette profondeur, l'eau remplit le fond du trou et il se forme un puits. Cette eau souterraine tend à s'écouler très lentement par nappes vers le bas des pentes à travers les couches de roches poreuses appelées aquifères. Par endroits, l'eau émerge à la surface sous forme de sources pour rejoindre les ruisseaux et les rivières.

❺ IMMOBILISÉE À L'ÉTAT DE GLACE

Dans les régions polaires ou à haute altitude, le climat reste trop froid pour permettre au soleil d'été de faire fondre toute la neige qui tombe. Celle-ci s'accumule alors, se comprimant sous son propre poids et formant au cours du temps une épaisse couche de glace. Au Groenland et en Antarctique, de vastes calottes ainsi constituées emprisonnent l'eau depuis des milliers d'années. Toutefois, une partie de cette glace s'écoule sous forme de glaciers et finit par fondre, rejoignant le grand cycle de l'eau.

❻ L'EAU VOLCANIQUE

Une portion extrêmement lente du cycle de l'eau concerne celle qui est transportée sous la croûte terrestre. Cette eau est contenue par les roches du plancher marin qui plongent vers le manteau dans les zones de subduction, le long desquelles courent de profondes fosses océaniques. L'eau abaissant le point de fusion de la roche chaude située sous la croûte, celle-ci se transforme en magma qui ressort par les volcans accompagné de vapeur d'eau. Ce transfert de l'eau initialement océanique vers l'atmosphère met des millions d'années à s'effectuer, et contribue à la lubrification du mouvement des plaques tectoniques.

❼ L'EAU FOSSILE

Parfois, l'eau souterraine s'accumule dans une roche poreuse qui se trouve recouverte par une couche de roche imperméable. Dans l'impossibilité de s'écouler, l'eau peut former des réservoirs isolés de façon permanente du cycle de l'eau. L'un des plus gros de ces réservoirs d'eau dite « fossile » se situe sous le Sahara oriental, renfermant un volume d'eau estimé à 150 000 km^3. Par endroits, l'érosion par le vent a emporté la roche de couverture et mis au jour la roche aquifère, donnant naissance à des oasis.

Les cours d'eau

L'eau s'écoule à la surface des terres par un réseau de cours d'eau qui se jettent les uns dans les autres. De dimension d'abord modeste, leur largeur augmente à mesure que l'eau progresse : ruisseaux et torrents, rivières petites et plus grandes, puis fleuves. Ces cours d'eau modèlent les terrains qu'ils traversent : en érodant leur lit, ils élargissent peu à peu les vallées et, avec le temps, parviennent à réduire les chaînes de montagnes. Depuis les reliefs, qu'ils dévalent à grande vitesse sous forme de torrents, ils emportent les débris de l'érosion vers les plaines où leur cours devenu plus calme leur permet de les déposer, tendant ainsi à niveler les paysages. Parmi ces débris figurent des limons riches en nutriments qui fertilisent les terres.

◀ **LES SOURCES**
L'eau de pluie s'infiltre dans le sol jusqu'à ce qu'elle rencontre une couche de roche imperméable qui l'arrête. Elle s'écoule alors au-dessus de cette dernière en suivant la pente naturelle. Si la couche imperméable vient à affleurer la surface du sol sur le versant d'un relief, l'eau qu'elle canalise jaillit à l'air libre et se répand, formant une source. Les sources, aux eaux généralement fraîches, cristallines et chargées de minéraux dissous, sont à l'origine de la plupart des cours d'eau qui s'écoulent sur la planète.

LES TORRENTS ▶
Les rivières de montagne qui dévalent des pentes abruptes ont un cours très tumultueux marqué de rapides et de chutes. Les torrents saisonniers, dus à de fortes pluies ou à la fonte des neiges, peuvent déplacer de gros rochers ainsi que de gros volumes de graviers et de sable arrachés à la montagne. Leur eau froide et claire est riche en oxygène dissout.

LES RIVIÈRES JEUNES ▶
Dans son cours supérieur à travers les reliefs, une rivière jeune dépose un lit de graviers. La majeure partie de ces graviers est entraînée vers l'aval par les eaux rapides qui surgissent à chaque crue, lors des fontes de printemps, par exemple. La rivière développe souvent plusieurs bras à travers les bancs de graviers. Tous finissent par se rejoindre en aval pour créer un cours d'eau plus large et peu profond bordé de plages de graviers.

LES PLAINES INONDABLES

En atteignant les régions de plaine, les rivières ralentissent leur cours et déposent les particules légères de sable et de boue qu'elles transportent. Lorsqu'elles ne sont pas endiguées par l'homme, elles tendent à s'étendre au-delà de leurs berges durant l'hiver ou la saison humide et à inonder les terres alentour. L'eau dépose alors de fins sédiments appelés limons, riches en nutriments et en matières organiques. Les terres qui les reçoivent deviennent des sols très fertiles

LES MÉANDRES

Au milieu des plaines, une rivière déroule souvent son cours en séries de boucles appelées méandres. Le courant est toujours plus fort sur l'extérieur de la courbe, où il tend à creuser la berge, et plus faible à l'intérieur, où il dépose des sédiments. Cela tend à amplifier les méandres en les élargissant. Certains deviennent même si larges que la rivière finit par couper court à travers, laissant un bras isolé qui, en se comblant, forme un lac de méandre.

Cours d'eau

ESTUAIRES ET DELTAS

La plupart des fleuves se jettent dans la mer. Au contact du sel marin, les fines particules de boue dans l'eau douce tendent à s'agréger et se déposent, formant les vastes bancs de vase qui marquent les estuaires. Lorsque le courant est plus rapide, il charrie vers la mer des sédiments plus grossiers et développe un delta formé de nombreux bras en éventail, comme celui, ci-contre, de la rivière Lena en Sibérie.

Vallées et gorges

Les eaux rapides qui caractérisent les rivières de montagne transportent des rochers, des pierres et du sable qui érodent leur lit, creusant dans la croûte terrestre des vallées en V. Les cours d'eau se rejoignent en un réseau d'affluents qui constituent le bassin versant de la rivière principale dans laquelle tous aboutissent. La plupart du temps, les vallées s'élargissent à mesure que la rivière s'agrandit, mais les rivières qui coulent sur des terrains calcaires disparaissent parfois sous terre dans des systèmes de cavernes qui, un jour, finissent par s'effondrer, créant des gorges calcaires. Les mouvements de la croûte terrestre peuvent aussi soulever lentement une région tandis qu'une rivière y taille son cours, donnant naissance à des gorges encore plus profondes.

❶ DES RÉSEAUX RAMIFIÉS

Cette image-satellite de la partie occidentale de l'Himalaya montre comment les vallées de petites rivières se rejoignent pour former des rivières plus grandes qui poursuivent leur cours vers les plaines. Toutes débouchent dans d'immenses fleuves comme l'Indus et le Gange. La structure ramifiée de ces réseaux évoque celle d'un arbre avec son tronc, ses branches et ses plus fines brindilles.

❷ LES VALLÉES D'AMONT

Les torrents d'eau chargés de débris, qui dévalent les montagnes après une forte pluie ou à la fonte des neiges, découpent dans les versants de profondes vallées aux parois abruptes. L'eau s'écoule trop vite pour laisser se déposer les sédiments fins : la vallée est creusée à même la roche en forme de V étroit, zigzagant entre les crêtes de roche plus dures.

3 LES VALLÉES DE PLAINE

Lorsque, après avoir franchi montagnes et collines, une rivière pénètre sur des terrains plus plats, son cours s'assagit. Elle dépose alors bon nombre de débris rocheux qu'elle charriait depuis les reliefs, ce qui a pour effet de combler le fond de la vallée. Celle-ci perd alors son profil en V. Dans son cours moyen et inférieur, une rivière s'écoule dans une vaste plaine composée d'épaisses couches de sédiments accumulés. Elle peut y changer de cours régulièrement, laissant dans la vallée les vestiges d'anciens méandres.

4 LES CATARACTES

En montagne, les torrents courent sur des terrains accidentés, franchissant parfois des précipices, et les chutes d'eau sont fréquentes. Elles sont beaucoup plus rares sur les rivières de plaine. Par endroits, toutefois, il arrive qu'une cassure dans la roche formant le lit d'une grande rivière entraîne l'eau dans une gorge taillée dans la roche plus tendre située en dessous. Ainsi, en Zambie, dans le sud de l'Afrique, le majestueux fleuve Zambèze plonge de 108 m aux chutes Victoria.

5 UN CANYON DÛ À UN SOULÈVEMENT

Les forces titanesques qui érigent les montagnes sont capables de surélever le lit des rivières, entraînant le courant à creuser des vallées plus profondes dans la roche. Ainsi, en Arizona, aux États-Unis, c'est un soulèvement massif de toute une région qui a contraint la rivière Colorado à tailler son cours sur plus de 1,8 km d'épaisseur de roche, donnant naissance à une gorge de 350 km de long et atteignant par endroit 29 km de large : le Grand Canyon. Ce faisant, elle a mis au jour des strates rocheuses remontant à près de 2 milliards d'années.

6 LES GORGES CALCAIRES

Les roches calcaires sont essentiellement constituées de calcite, un minéral dissous par l'eau de pluie qui est naturellement légèrement acide. Cette action favorise l'infiltration de l'eau à travers les fissures de la roche, qu'elle agrandit peu à peu. Avec le temps, l'eau a creusé dans ces sols d'immenses réseaux de cavernes souterraines dans lesquelles elle s'écoule. Parfois, une caverne devient si vaste que son plafond finit par s'effondrer. La rivière située au fond réapparaît alors dans une gorge aux parois spectaculaires, comme ici en Provence, dans le sud de la France.

Glaciers et icebergs

Glacier

Dans les régions polaires et en haute montagne, les températures glaciales empêchent la neige de fondre. Les couches de neige s'y accumulent et, au cours des siècles, se compriment en une glace épaisse et solide. Celle-ci tend alors à s'écouler lentement vers le bas des pentes sous la forme de glaciers qui, lorsqu'ils atteignent la mer, se scindent en blocs de glace qui partent en flottant à la dérive, formant les icebergs. Dans les régions les plus froides, ce processus d'accumulation entraîne la formation de calottes de glace extrêmement épaisses. Celle de l'Antarctique oriental forme un immense dôme de près de 4,5 km d'épaisseur, et son poids a fait s'enfoncer le continent de plus de 1 km dans la croûte terrestre.

❶ LES GLACIERS DE CIRQUE

En haute montagne, la neige s'accumule dans des bassins rocheux et se trouve comprimée en glace. Celle-ci finit par déborder des bassins et s'écouler en glaciers vers le bas des pentes. La glace en mouvement rabote la roche, taillant des parois verticales et approfondissant le bassin. Il en résulte un cirque en forme de cuvette qui constitue la source typique d'un glacier de vallée.

❷ LES GLACIERS DE VALLÉE

La glace s'écoule extrêmement lentement dans les hautes vallées – trop lentement pour que l'on puisse en détecter visuellement le mouvement. Ce faisant, elle se déforme pour négocier les courbes, et peut même remonter par-dessus un obstacle de roche très dure. Mais la principale action de la glace est de raboter la roche. Il en résulte souvent des lignes sombres de débris rocheux à la surface du glacier, comme ici sur celui de Kennicott, dans les Wrangell Mountains, en Alaska.

❸ LES GLACIERS DE PIÉMONT

La plupart des glaciers de montagne prennent fin au bas des pentes, à l'endroit où un climat plus chaud provoque une fonte de la glace qui compense sa vitesse de descente. On est là sur le front du glacier, qui se maintient en place sauf lorsque le climat change. L'eau de fonte, s'écoulant de tunnels et de grottes qui se sont creusés dans la glace, donne naissance à des torrent ou des rivières.

❹ LES MORAINES

Un glacier charrie beaucoup de roches vers le bas des pentes, une partie prise dans la glace, l'autre en empilements appelés moraines emportés à sa surface. Le glacier agit comme une sorte de tapis roulant qui dépose tous ces débris en une moraine frontale, amoncellement de rochers anguleux mêlés à de la « farine de roche » créée par l'action abrasive de la glace. Une grande partie des matériaux rocheux les plus fins est emportée par l'eau de fonte.

❺ LES GLACIERS CÔTIERS

Dans les régions polaires, le sud-est de l'Alaska et le sud de la Nouvelle-Zélande, les glaciers s'écoulent jusqu'à la côte et se jettent dans la mer. Sur cette photo, on voit le front flottant du glacier de Hubbard débouchant dans le golfe d'Alaska. De gros blocs de glace se détachent de ces glaciers, formant des icebergs qui partent à la dérive. La majeure partie des débris rocheux transportés par la glace se dépose sur le fond marin.

❻ LES ICEBERGS

Les icebergs qui se détachent des glaciers côtiers flottent sur l'océan avec un peu plus de 90 % de leur masse sous la surface, le pourcentage exact variant avec la masse de roches prises dans la glace. Beaucoup dérivent sur de longues distances avant de fondre, et ceux qui dérivent vers le sud depuis le Groenland dans l'Atlantique Nord peuvent être très dangereux pour la navigation. C'est l'un de ceux-ci qui provoqua le naufrage du *Titanic* en 1912.

❼ AVANCÉES ET RETRAITS

L'actuel réchauffement climatique a des conséquences inattendues sur les glaciers. Beaucoup sont en recul sous l'effet des températures plus élevées qui les font fondre plus haut en altitude, dégageant vallées et fjords. Mais la fonte peut aussi faire s'écouler un glacier plus vite, et donc progresser, à cause de l'eau de fonte qui, plus abondante sous la glace, lubrifie son mouvement. Cela a pour effet d'augmenter le nombre des icebergs qui se détachent et partent sur l'océan.

L'ère glaciaire

La Terre a connu plusieurs périodes au cours desquelles le climat s'est refroidi à cause, principalement, de variations de son orbite autour du Soleil. Chacune de ces périodes, appelées glaciations, a été marquée de phases de réchauffement. Nous vivons actuellement une phase chaude de la dernière glaciation. Durant la dernière phase froide, qui a pris fin il y a environ 12 000 ans, les calottes, les glaciers et le permafrost occupaient la majeure partie du nord du continent eurasiatique et de l'Amérique du Nord, modifiant considérablement les paysages. L'hémisphère Sud était moins affecté parce qu'il présente moins de terres émergées sous les latitudes froides, à l'exception notable de l'Antarctique, qui est restée gelée.

LES VALLÉES GLACIAIRES ❶

Les profondes vallées en U que l'on rencontre au cœur de nombreuses chaînes de montagnes ont été modelées jadis par les glaciers de l'ère glaciaire. La glace a raboté la roche, laissant d'abruptes parois rocheuses, et creusé, dans les fonds de vallées, des dépressions aujourd'hui occupées par des lacs. Nombre de sommets montagneux ont été réduits à des crêtes et des pics étroits parce que leurs flancs ont été emportés, laissant souvent la place à des cirques arrondis.

LES FJORDS ❷

Au cours de la dernière phase glaciaire, la glace continentale emprisonnait tant d'eau que le niveau marin se trouvait plus de 100 m plus bas qu'aujourd'hui. Dans leur lent glissement vers les côtes, les glaciers érodaient de profondes vallées. Lorsque les glaces fondirent, les mers se remplirent à nouveau pour atteindre leur niveau actuel il y a quelque 6 000 ans. L'eau inonda alors les vallées côtières, donnant naissance, dans des régions comme la Scandinavie et le sud de la Nouvelle-Zélande, à des fjords aux flancs abrupts.

Vallée glacaire en Norvège

❶

Les rainures indiquent la direction du déplacement de la glace.

Roche rabotée par la glace au Canada

❸

❷

Milford Sound, en Nouvelle-Zélande

❸ LE RABOT DES GLACES

Dans les régions du Nord comme le Canada et la Scandinavie, la glace, en frottant sur le socle rocheux, a abrasé le sol et les roches tendres pour mettre à nu les roches dures anciennes situées en dessous. Certaines en conservent les traces visibles sous la forme de longues stries gravées par les blocs rocheux que charrie la glace. Ces paysages sont ponctués de centaines de lacs remplissant des creux eux aussi laissés par la glace.

❹ LES DÉPÔTS GLACIAIRES

Lorsqu'elle s'est mise à fondre et à reculer, la glace a déposé des tas de débris : moraines, dépôts d'argile mêlée à des fragments rocheux, appelée argile à blocaux. Elle a aussi laissé çà et là les gros rochers qu'elle renfermait. Ces blocs, dits erratiques, frappent souvent par leur différence de constitution avec les roches alentour, car ils ont été apportés depuis des régions de formation géologique différente.

❺ ANCIENNES TOUNDRAS

Dans la toundra, le sol gelé en permanence est appelé permafrost. Durant les périodes glaciaires, le permafrost recouvrait d'immenses surfaces. Lors du dégel, la fonte n'a pas été uniforme. De gros blocs gelés se sont détachés par endroits, provoquant à leur emplacement un affaissement du sol. Lors de la fonte finale, ils ont laissé dans le sol des trous aujourd'hui remplis d'eau appelés marmites.

LE REBOND GLACIAIRE ❻

Le poids colossal des calottes de l'ère glaciaire eut pour effet d'enfoncer la coûte terrestre. En 12 000 ans, depuis le dernier dégel, la croûte est remontée à un rythme régulier atteignant par endroit 1 cm par an. Cet effet de « rebond post-glaciaire » a soulevé nombre d'anciennes plages bien au-dessus des vagues. Ainsi, en Scandinavie, des vestiges de ports vikings âgés de 1 000 ans, se trouvent aujourd'hui 10 m au-dessus du niveau de la mer.

Bloc erratique, en Grande-Bretagne

Baie de Rhossili, en Grande-Bretagne

Île d'Ellesmere, au Canada

Les lacs

Lac

Les lacs sont d'immenses bassins d'eau stagnante au milieu des terres émergées. Il peut s'agir de dépressions laissées par la fonte des glaciers, de plis ou de cassures apparus lors de mouvements de la croûte terrestre, ou bien de cratères volcaniques dans lesquels l'eau s'est accumulée. La plupart sont constitués d'eau douce qui alimente le lac par l'une de ses extrémités et s'en écoule à l'autre. Sous les climats chauds, il arrive que l'eau s'échappe du lac par évaporation plutôt que par écoulement. Dans ce cas, les minéraux dissous s'accumulent au cours du temps et rendent l'eau très salée. Les lacs s'envasent lentement sous les dépôts de sédiments apportés par les rivières. Avec le temps, ce processus peut transformer un lac en marais, et finalement, le combler et le faire disparaître complètement.

❶ LES LACS DE MONTAGNE

Cernés de roches dures, les lacs de montagne contiennent généralement des eaux froides et pures renfermant peu de nutriments minéraux nécessaires à la vie aquatique. De ce fait, ils abritent relativement peu de plancton, ces myriades d'organismes microscopiques dérivants qui sont à la base des chaînes alimentaires, et leurs eaux sont d'une clarté cristalline. C'est le cas du lac Tahoe (ci-contre), formé dans un fossé d'effondrement dans les montagnes de l'ouest des États-Unis.

❷ LES LACS DE PLAINE

L'eau qui alimente les lacs de plaine est généralement riche en nutriments dissous provenant des sols et des roches tendres alentour. Ceux-ci nourrissent de grandes quantités de plancton, qui rendent l'eau trouble. Les lacs de ce type regorgent de formes de vie de toutes sortes, notamment de plantes aquatiques. Avec le temps, si rien ne vient perturber le processus, la végétation finit par envahir les plans d'eau qui se transforment en marécages.

❸ LES LACS SALÉS

Bien que douces, les eaux des lacs contiennent néanmoins le plus souvent une petite quantité de sels dissous provenant des roches et des sols sur lesquels elles ont ruisselé. Lorsque l'eau s'évapore des lacs, elle se décharge de ces sels qu'elle laisse sur place. Sous les climats désertiques, ce processus peut donner naissance à un lac salé. Ainsi, les eaux du Grand Lac salé, dans l'Utah, aux États-Unis, ont une concentration en sel cinq fois plus élevée que l'eau de mer et les berges du lac, que l'on voit ci-contre, sont recouvertes d'une croûte de cristaux de sel d'un blanc étincelant.

❹ LES LACS ALCALINS

Les lacs salés sont généralement riches en chlorure de sodium, qui n'est autre que notre sel de table. Mais certains contiennent d'autres sels. Ainsi, dans la vallée du Grand Rift africain, beaucoup, tel le lac Nakuru, ont une forte teneur en carbonate de sodium, aussi appelé soude, aux propriétés alcalines. Ces plans d'eau abritent des organismes spécialisés vivant en populations denses, notamment des algues microscopiques et de petits crustacés copépodes, qui nourrissent de grandes colonies de flamants roses.

❺ LES LACS GLACIAIRES

La plupart des lacs du monde ont été formés par les glaciers du temps des grandes glaciations. La glace en mouvement a creusé des dépressions dans la roche, ou déposé d'épaisses moraines de débris rocheux qui agissent aujourd'hui comme des barrages naturels, retenant les eaux de ruissellement. Des lacs en tous points similaires sont aujourd'hui en formation sous l'action de glaciers actuels, comme celui photographié ci-contre dans le sud de la Norvège. L'eau de fonte du glacier que l'on voit en arrière-plan est riche en sédiments minéraux qui donnent à l'eau sa couleur bleu-vert.

❻ LES LACS DE CRATÈRE

Les cratères de volcans éteints ou endormis contiennent souvent des lacs quasi circulaires. Ceux-ci se remplissent d'eau de pluie pure mais, s'il subsiste quelque activité volcanique, l'eau peut s'acidifier au contact de gaz comme le dioxyde de soufre et le dioxyde de carbone. Ainsi, l'eau de ce lac de cratère dans l'est de la Sibérie est inhabituellement acide, ce qui lui permet de dissoudre des minéraux qui lui ont donné sa couleur d'un bleu laiteux.

▲ LES BOYAUX GÉOLOGIQUES
Ces passages étroits qui relient entre elles des salles plus vastes présentent souvent des parois sculptées et polies par les torrents d'eau qui s'y engouffrent après les fortes pluies. Beaucoup sont même occupés en permanence par l'eau. Cela n'arrête pas les spéléologues déterminés, qui utilisent du matériel de plongée spécialement adapté pour franchir ces boyaux susceptibles de mener à des réseaux de cavernes encore inexplorés.

LES CAVERNES ▲
À mesure que les grottes s'élargissent, leur plafond peut finir par s'effondrer par manque de soutien. Les moins profondes se transforment ainsi parfois en gorges rocheuses à ciel ouvert. Mais lorsque la roche s'effondre dans une grotte située plus loin sous terre, elle dégage une arche naturelle qui forme une caverne. Certaines de ces excavations sont colossales. Ainsi, la salle Sarawak de la formation souterraine du Gunung Mulu, à Bornéo, mesure au moins 700 m de long, plus de 300 m de large, et 100 m de haut.

▲ PERTES OU BÉTOIRES
L'essentiel de l'eau qui sculpte les grands réseaux karstiques s'infiltre, à l'origine, dans d'étroites fissures de la roche et semble disparaître sous terre. Par endroits, un flux plus concentré finit par élargir une fissure en un puits vertical, formant une chute d'eau qui plonge vers le noir et le vide dans les entrailles de la Terre. Appelés pertes ou bétoires, ces trous peuvent être profonds de plusieurs centaines de mètres et s'ouvrent souvent sur des cavernes abritant des rivières et des lacs souterrains.

Les cavernes et les rivières souterraines

La puissance des vagues est capable de creuser les roches littorales, mais les grands systèmes souterrains résultent presque toujours de l'action de l'eau d'infiltration à travers le calcaire. Alcalin, le calcaire est, en effet, lentement dissous par les acides naturellement présents dans l'eau de pluie et dans les sols. À mesure que la roche se dissout, les crevasses et fissures qui s'y trouvent s'élargissent et forment des pertes, ces trous où peuvent se perdre des cours d'eau, et d'autres ouvertures étroites et sinueuses menant à des cavernes et des rivières souterraines. Ainsi se forment dans le sous-sol d'immenses réseaux souvent très étendus appelés karsts ou systèmes karstiques. Ceux-ci captent une très grande partie de l'eau de ruissellement, ne laissant parfois en surface qu'un sol rocheux et desséché, sans ruisseaux ni rivières.

LES CÉNOTES MEXICAINS ▲

Au Mexique, la péninsule du Yucatan est un ancien récif de corail qui a subi un soulèvement. La roche corallienne étant une forme de calcaire, elle est affectée par l'eau de pluie de la même manière que les autres terrains calcaires. Les pluies tropicales y ont creusé un réseau karstique complexe qui absorbe toute l'eau de surface. Ces cavernes sont accessibles par des bétoires ou des avens appelés localement cénotes. Bon nombre de ceux-ci sont occupés par des lacs souterrains magnifiques, qui étaient des sources sacrées pour les Amérindiens de l'ancienne civilisation maya.

@ Grotte

▲ STALACTITES ET STALAGMITES

En traversant le calcaire, l'eau légèrement acide dissout la roche. La calcite qui la compose se retrouve en solution faiblement concentrée dans l'eau. Lorsque cette eau débouche dans un système de cavernes, l'exposition à l'air modifie sa chimie et provoque une recristallisation de la calcite. Au long des temps géologiques, les cristaux s'accumulent pour former les stalactites suspendues aux plafonds, et les stalagmites qui s'élèvent des planchers des cavernes. Le même processus peut aussi créer d'autres structures, telles les draperies de calcite.

LES RIVIÈRES SOUTERRAINES ▼

L'eau qui se déverse dans les systèmes karstiques tend à poursuivre son chemin vers le bas par les fissures et crevasses à travers la roche. Elle peut ainsi être amenée à abandonner une chaîne de salles et de boyaux à travers laquelle elle s'écoulait jusque-là pour en occuper une autre plus bas, asséchant ainsi son ancien lit. Mais parfois, elle atteint une couche de roche imperméable et ne peut plus descendre. Elle forme alors une large rivière souterraine qui se fraie un passage jusqu'à ce qu'elle émerge d'un versant montagneux comme une source géante appelée résurgence.

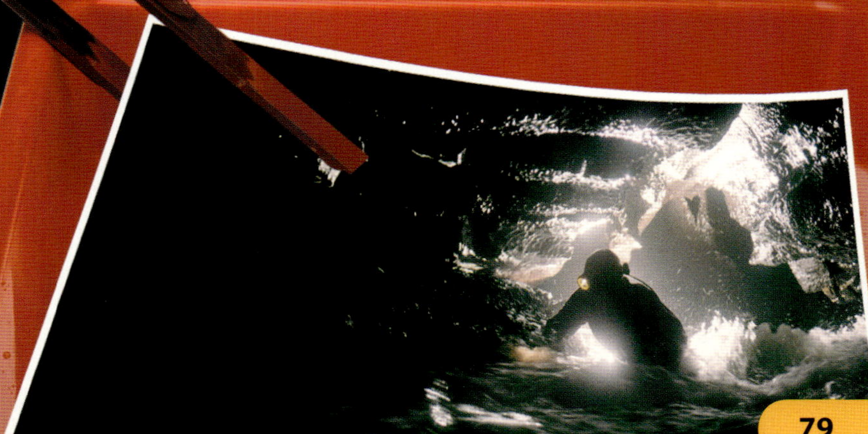

Mers et océans

L'océan Pacifique occupe à lui seul près de la moitié de la planète et toutes les étendues marines réunies en recouvrent plus des deux tiers. Leur profondeur moyenne est de 3 800 m et elles contiennent environ 1 350 millions de kilomètres cubes d'eau salée, représentant 97 % de toute l'eau de la Terre. La majeure partie de cet inconcevable volume constitue, loin sous la surface, un royaume sombre et froid où la vie est rare. Mais les eaux peu profondes et baignées de soleil des mers côtières comptent parmi les habitats les plus riches en biodiversité du globe.

❶ DES ORIGINES VOLCANIQUES

La majeure partie de l'eau des océans a probablement jailli de volcans massifs sous forme de vapeur il y a environ 4 milliards d'années. Cette vapeur constitua une partie de l'atmosphère primitive de notre planète mais, lorsque sa surface se refroidit, elle se condensa en pluies diluviennes qui tombèrent pendant des millions d'années, remplissant les océans. Une partie de cette eau est peut-être aussi venue de l'espace sous la forme des comètes glacées qui s'écrasèrent sur la Terre et se vaporisèrent lors de l'impact.

❷ L'EAU SALÉE

La salinité de l'eau de mer a augmenté très lentement, tandis que les continents se mettaient en place à partir d'îles volcaniques surgies des planchers océaniques. À mesure que les terres apparaissaient, elles étaient lessivées par les fortes pluies qui emportaient les sels minéraux dissous vers les océans. Le sel le plus abondant est le chlorure de sodium, notre sel de cuisine, qui peut être récupéré par évaporation d'eau de mer dans des lagunes côtières comme celles-ci.

❸ DANS UN CRÉPUSCULE BLEUTÉ

La lumière solaire est composée de toutes les couleurs de l'arc-en-ciel, mais lorsqu'elle pénètre dans l'eau profonde, ses différentes radiations sont arrêtées, commençant par les rouges, puis les jaunes. En dessous de 200 m, il ne subsiste qu'une très faible lueur bleue qui, à 1 000 m, a complètement disparu. Les océans ayant une profondeur moyenne de 3 800 m, la majeure partie de leur volume se trouve donc en permanence dans le noir.

❹ UN RÔLE TAMPON

L'eau peut absorber beaucoup d'énergie calorique sans se réchauffer de façon significative. C'est pourquoi la mer reste plus froide que les terres en été. Mais elle se refroidit aussi lentement qu'elle se réchauffe. De ce fait, les vagues qui lèchent cette plage enneigée en hiver sont plus chaudes que la terre. Grâce à ce phénomène, les régions côtières jouissent d'un climat relativement doux, avec des chaleurs estivales et des froids hivernaux atténués.

❺ LES COUCHES OCÉANIQUES

Les noires profondeurs océanes sont uniformément froides, même sous les tropiques. Cela est dû au fait que l'eau de surface chauffée par le soleil se dilate et, devenant moins dense, reste en surface comme de l'huile sur une flaque, sans se mêler aux couches inférieures. Cette séparation est permanente dans les océans tropicaux, mais sous les latitudes plus froides, les couches tendent à se mélanger en hiver.

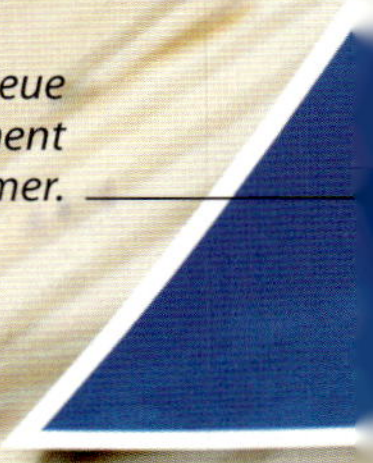

Seule la lumière bleue pénètre profondément sous la surface de la mer.

La concentration en sel des océans s'est aujourd'hui stabilisée.

Les volcans, comme celui-ci à Java, continuent de dégager beaucoup de vapeur d'eau.

DES DÉSERTS CRISTALLINS ❻

En haute mer, dans les océans tropicaux, la couche permanente d'eau chaude de surface est généralement d'une clarté cristalline. Cela est dû à la différence de température qui empêche les nutriments dont les couches froides inférieures sont riches, de remonter vers la surface. Leur absence interdit au plancton de s'y développer en abondance, donc de troubler l'eau. De ce fait, ces eaux sont très peu nourricières car le plancton constitue la base des chaînes alimentaires océaniques. Les océans cristallins sont donc assez peu riches en vie marine.

@ Océan

Les eaux de surface sont beaucoup plus chaudes que les profondeurs océanes.

3

5

4

6

Vagues, courants et marées

Les vents qui soufflent sur les océans génèrent les vagues et entraînent des courants de surface qui circulent à travers les étendues marines en immenses boucles appelées gyres. Dans certaines régions, comme l'Atlantique Nord et le pourtour de l'Antarctique, ces courants, refroidis et rendus plus salés et plus denses par la formation des glaces polaires, plongent vers le fond des océans où ils continuent de circuler. Courants de surface et courants profonds sont donc reliés les uns aux autres en une vaste circulation globale qui redistribue tout autour de la planète la chaleur du Soleil et les nutriments dissous qui alimentent la vie marine. Les marées sont un autre type de grands mouvements marins, sous-tendues, quant à elles, par l'attraction gravitationnelle de la Lune et du Soleil. Elles déplacent quotidiennement d'énormes volumes d'eau, générant par endroits, le long des côtes, des courants de marée beaucoup plus rapides que les grands courants océaniques.

❶ LES COURANTS DE SURFACE

Les vents océaniques tendent à souffler vers l'ouest sous les tropiques et vers l'est sous les latitudes moyennes, plus au nord et au sud. Ils entraînent avec eux les eaux de surface des océans, créant d'immenses courants, ou gyres, tournant dans le sens des aiguilles d'une montre dans l'hémisphère Nord, et dans le sens inverse dans l'hémisphère Sud. Dans leurs parcours à travers les océans, ces courants emportent les eaux chaudes vers les pôles et les eaux froides vers les tropiques.

❷ ZONES DE CALME

Au centre des grandes boucles décrites par les vents océaniques et les courants de surface, se trouvent de vastes régions où la mer est calme et les vents très faibles. L'une des plus célèbres, dans l'Atlantique Nord, est la mer des Sargasses, connue pour ses algues flottantes, et redoutée des marins du temps de la marine à voile parce que les bateaux qui s'y laissaient prendre restaient parfois bloqués des semaines, voire des mois, à attendre qu'un souffle de vent leur permettent d'en sortir.

❸ LE GULF STREAM

L'un des courants océaniques les plus rapides, le Gulf Stream, transporte les eaux chaudes tropicales à travers l'océan Atlantique depuis le golfe du Mexique vers l'Europe du Nord. Il contribue à maintenir, en Europe occidentale, un climat relativement chaud, la côte Atlantique étant assez douce pour permettre à des palmiers de s'acclimater jusqu'en Écosse. À l'inverse, le courant de Humboldt, qui remonte la côte ouest d'Amérique du Sud depuis les confins de l'Antarctique, apporte de l'eau froide vers les tropiques, permettant à des manchots de vivre sur les îles équatoriales des Galápagos.

❹ LES VAGUES

Les vents soufflant sur les océans provoquent, à leur surface, des ondulations qui forment les vagues. Celles-ci deviennent d'autant plus grosses que le vent agit longtemps sur elles. Les plus grandes vagues sont donc celles qui ont été poussées par des vents puissants et soutenus sur de vastes étendues océaniques. La plus grosse vague enregistrée à ce jour mesurait 30 m de haut et a été vue dans l'Atlantique Nord en 1995. De telles vagues restent exceptionnelles. Elles sont appelées « vagues scélérates » et sont capables d'entraîner les navires par le fond. Quoi qu'il en soit, les vagues véhiculent d'énormes quantités d'énergie. Pourtant, l'eau, sous leur effet, ne se déplace pas ; c'est l'onde qui voyage à sa surface. Ce n'est qu'au moment où elles déferlent et se brisent sur une plage que se produit un mouvement de l'eau vers l'avant.

5 LE BALANCEMENT DES MARÉES

À l'échelle planétaire, l'attraction lunaire provoque deux renflements de la surface des océans, l'un sur la face de la Terre tournée vers la Lune, l'autre sur la face opposée. La Terre tournant sur elle-même, la plupart des régions côtières traversent chaque jour les zones de renflement, ce qui provoque l'alternance des marées hautes et basses, généralement deux fois par jour. Toutefois, les marées varient localement selon la structure de la côte. Certaines régions, comme le bassin méditerranéen, en sont presque totalement dépourvues, tandis que dans la baie de Fundy, dans l'est du Canada, le niveau varie de 16 m entre la marée haute et la marée basse.

6 TOURBILLONS ET COURANTS DE MARÉE

En montant, la marée pousse l'eau de mer dans les estuaires et le long des côtes, et lorsqu'elle descend, l'attire en sens inverse. D'une façon générale, les courants ainsi générés ne sont pas très perceptibles. Mais lorsqu'ils circulent autour de pointes de terre ou dans des détroits peu larges, ils peuvent se concentrer en courants rapides et turbulents, voire en tourbillons géants, comme ici dans le golfe de Corryvreckan, sur la côte ouest de l'Écosse. Ceux-ci acquièrent leur pleine puissance à la mi-marée, puis disparaissent complètement au moment de la renverse.

LES CYCLES LUNAIRES 7

Les marées varient en fonction des phases de la Lune. Deux fois par mois, lors de la pleine et de la nouvelle lune, l'amplitude entre marée haute et marée basse devient beaucoup plus grande qu'en période de quartier montant et descendant. À ces moments, en effet, la Lune se trouve alignée avec le Soleil et leurs forces gravitationnelles se combinent pour amplifier l'effet de marée, produisant ce que l'on appelle les grandes marées ou marées de vive-eau. En période de quartier, au contraire, le Soleil et la Lune sont disposés de telle sorte que leurs forces gravitationnelles s'atténuent mutuellement, provoquant des marées de faible amplitude dites de morte-eau.

@ Atmosphère

L'atmosphère

La Terre est enveloppée d'une atmosphère. Il s'agit d'un manteau gazeux principalement composé de 78 % d'azote et de 21 % d'oxygène environ. Le reste est constitué de petites quantités de dioxyde de carbone, de méthane, d'ozone et de vapeur d'eau, auxquels s'ajoutent quelques gaz dits « rares » parmi lesquels l'argon, l'hélium et le néon. Le tout forme un mélange que nous appelons l'air.

80 % de cet air sont concentrés dans la troposphère, la plus basse couche de l'atmosphère. Cette enveloppe gazeuse fait office d'écran solaire durant le jour et retient la chaleur la nuit. Une couche d'ozone, qui est une forme d'oxygène, située dans la stratosphère, protège également toutes les formes de vie des dangereuses radiations ultraviolettes émises par le Soleil.

Thermosphère au-delà de 87 km

LES COUCHES D'AIR ▶
L'atmosphère n'est pas composée d'une unique couche d'air, mais de quatre distinctes qui sont, de la plus basse à la plus élevée, la troposphère, la stratosphère, la mésosphère et la thermosphère qui se dilue dans l'espace. Ces couches se caractérisent par leur température plus que par la nature de l'air qu'elles contiennent, lequel se raréfie avec l'altitude jusqu'à disparaître totalement.

Mésosphère de 50 à 87 km

Stratosphère de 18 à 50 km

Troposphère de 0 à 18 km d'altitude

▼ UN AIR TÉNU
La densité de l'air décroît avec l'altitude : à 10 000 m seulement au-dessus du niveau de la mer, il n'y a plus assez d'air pour respirer. Sa rareté en haute altitude réduit la pression atmosphérique, permettant à l'eau de s'évaporer plus facilement et de bouillir à des températures plus basses. De ce fait, les habitants des hauts plateaux du Tibet peuvent boire leur thé bouillant sans se brûler.

▼ UNE FRAGILE ENVELOPPE
Vue depuis l'espace, l'atmosphère forme un mince halo bleu autour de la planète. Les couches atmosphériques externes sont invisibles, l'air qui les compose étant extrêmement ténu. Les nuages s'élèvent au maximum jusqu'à la limite supérieure de la troposphère, ce qui veut dire que toute la vapeur d'eau atmosphérique – donc l'ensemble des phénomènes climatiques – se concentre dans sa couche inférieure.

◄ L'OXYGÈNE

Presque tous les organismes vivants respirent de l'oxygène, qui était pourtant absent de l'atmosphère originelle. Il a été produit par des cyanobactéries dans un très lointain passé, du temps où les bactéries étaient les seules formes de vie existantes. Celles-ci furent les premières à utiliser l'énergie solaire pour transformer le dioxyde de carbone en eau et en nourriture : un processus nommé photosynthèse au cours duquel de l'oxygène est produit et rejeté.

▲ LE RÉCHAUFFEMENT CLIMATIQUE

L'effet de serre est essentiel à la vie sur Terre. Mais les activités de l'homme ont pour effet d'augmenter le taux de gaz carbonique et d'autres gaz « à effet de serre » dans l'atmosphère, principalement par la combustion du charbon, du pétrole et du gaz, ainsi que par la déforestation. De ce fait, l'atmosphère retient plus de chaleur qu'avant, ce qui augmente la température moyenne et risque d'avoir de sérieuses conséquences pour la vie sur la planète.

▼ L'EFFET DE SERRE

La plupart des rayons solaires traversent l'atmosphère et leur énergie réchauffe la Terre. La planète réchauffée émet à son tour sa chaleur vers l'espace, mais une partie de celle-ci est absorbée par le dioxyde de carbone et quelques autres gaz de l'atmosphère. Ainsi, l'air se réchauffe et retient la chaleur. Cet effet maintient la température moyenne à la surface de la Terre à plus de 30 °C environ au-dessus de celle de la Lune, qui est dépourvue d'atmosphère. Si la chaleur n'était pas retenue sur Terre, la vie ne pourrait y exister.

La rotation de la Terre dévie les courants aériens.

1

Les vents alizés des tropiques soufflent d'est en ouest : ce sont des vents d'est.

Les vents dominants des latitudes moyennes sont des vents d'ouest.

1 LES VENTS DOMINANTS

Sous les tropiques, la chaleur intense provoque l'élévation de l'air aux abords de l'équateur. Cet air replonge au niveau des zones subtropicales et revient vers l'équateur sous la forme de vents de surface. Ces derniers sont défléchis par la rotation de la Terre à cause de l'effet Coriolis, s'orientant alors vers l'ouest pour former les alizés. Dans les régions tempérées, à mi-chemin des pôles et de l'équateur, les vents sont, pour les mêmes raisons, défléchis vers l'est. Ils sont appelés vents d'ouest parce qu'ils viennent de cette direction. Les fameux « quarantièmes rugissants », dans l'océan Austral, en font partie.

2

Cette image-satellite d'un cyclone tropical de l'hémisphère Sud montre des nuages tournant dans le sens des aiguilles d'une montre.

3

4

Colonne de pluie sur les plaines du Montana, aux États-Unis

5

2 HAUTES ET BASSES PRESSIONS

Les mouvements de convection, c'est-à-dire les courants chauds ascendants, ont pour effet de réduire le poids de l'air, créant une zone de basse pression. Ils génèrent une aspiration qui attire vers le haut toujours plus d'air. Celui-ci monte dans un mouvement en spirale appelé cyclone. Au contact de l'air froid d'altitude, l'air chaud et humide produit une spirale d'épais nuages. Au sud de l'équateur, ces spirales cycloniques tournent dans le sens des aiguilles d'une montre, comme sur la photo ci-contre. Au nord, elles tournent en sens inverse. L'air froid descendant, quant à lui, produit des spirales appelées anticyclones tournant en sens inverse des cyclones, générant des zones de haute pression dépourvues de nuages.

Les thermomètres enregistrent les variations quotidiennes des températures. 6

3 **DANS LES NUAGES**

En se réchauffant, l'air se dilate, devient plus léger et forme un courant ascendant, ou courant de convection. En s'élevant, l'air se refroidit et la vapeur qu'il contient se condense en d'innombrables gouttelettes d'eau liquide – ou en cristaux de glace s'il gèle – qui forment les nuages. Mais le phénomène de condensation libère de la chaleur qui, en réchauffant l'air, continue d'activer le processus. Celui-ci se poursuit plus haut encore, formant de plus en plus de nuages. Ces derniers peuvent continuer à se former jusqu'à ce qu'il n'y ait plus de vapeur d'eau dans l'air.

4 **LA PLUIE**

En s'élevant dans les nuages, l'air chaud repousse l'air plus froid. Ce dernier s'écarte et redescend vers la base de la colonne d'air chaud pour remplacer l'air ascendant. Le courant d'air ainsi formé entraîne les gouttelettes des nuages qui se heurtent entre elles et s'assemblent en gouttelettes plus grosses. Lorsque celles-ci deviennent trop lourdes pour être soutenues par l'air, elles retombent sous forme de pluie. La force des courants ascendants dans les gros nuages d'orage est capable de supporter un poids d'eau important, c'est pourquoi la pluie est forte quand elle finit par s'abattre.

5 **LA NEIGE**

En haute altitude ou bien l'hiver, l'air peut être assez froid pour que la vapeur d'eau ascendante gèle en microscopiques cristaux de glace portés par l'air. Ceux-ci prennent la forme de petits prismes à six faces qui, s'ils sont ballottés par les courants d'air, s'accolent les uns aux autres pour former des flocons de neige. Chaque flocon présente une disposition différente des cristaux et chacun est unique.

6 **LA PRÉVISION MÉTÉOROLOGIQUE**

Les prévisionnistes collectent les données de pression atmosphérique, de température et de précipitations à l'aide de satellites, de ballons-sondes et de stations-météo automatisées, ainsi que de simples instruments comme les thermomètres. Toutes ces données sont transférées dans des programmes informatiques qui les traitent pour établir les prévisions d'évolution du temps.

Le temps

Le Soleil est à l'origine de tout phénomène climatique. En réchauffant l'air de la basse atmosphère, il provoque, sous les tropiques, des courants ascendants qui produisent les vents dominants. Ceux-ci redistribuent chaleur et humidité tout autour de la planète. En s'élevant, l'air chaud et humide crée des systèmes de basse pression porteurs de nuages, de pluie et de neige. Ceux-ci sont séparés par des régions d'air plus froid et descendant qui forment des systèmes de haute pression empêchant la formation des nuages et accompagnés de ciel bleu et ensoleillé. L'air s'écoule depuis les zones de haute pression vers celles de basse pression, générant des vents locaux de direction souvent différente de celle des vents dominants, et qui ont parfois la violence des tempêtes.

Les nuages

Il existe dix grands types de nuages. Leurs noms sont des combinaisons des termes latins *cirrus* (boucle), *stratus* (couche), *cumulus* (amoncellement) et *nimbus* (pluie). Les nuages de basse altitude sont ceux dont la base se situe en dessous de 2000 m. Les nuages d'altitude moyenne, dont les noms commencent normalement par le terme *alto-*, apparaissent entre 2000 et 6000 m. Tous ceux qui se trouvent au-dessus sont considérés comme nuages de haute altitude et leurs noms commencent par *cirro-*. Les cumulonimbus de tempête sont des formations nuageuses colossales qui s'étagent sur toutes ces altitudes et dont le sommet peut atteindre 16000 m de haut.

▲ LES CIRRUS
Ces nuages typiques de haute altitude sont formés de minuscules cristaux de glace. Les vents balaient ces cristaux en mèches pelucheuses et ondoyantes. Les cirrus indiquent donc généralement la direction des vents de haute altitude. Bien qu'ils se forment généralement dans un ciel bleu, ils indiquent souvent l'approche de la pluie ou de la neige. Ils peuvent aussi être produits artificiellement par les traînées de condensation des avions.

◀ LES ALTOSTRATUS
Les nuages de moyenne altitude qui se fondent en larges nappes, comme ici dans le lointain, sont des altostratus. Leur partie supérieure est composée de cristaux de glace, mais leur base de gouttelettes d'eau. Les altostratus commencent souvent en minces couches laissant passer les rayons solaires, comme ici. Ils s'épaississent ensuite, annonçant l'arrivée d'un système de basse pression (ou dépression) porteur de pluie ou de neige.

◀ LES NIMBOSTRATUS
Sombres et menaçants, les nimbostratus sont constitués d'épaisses couches de faible ou moyenne altitude de nuages de pluie qui masquent le Soleil. Ils suivent souvent, à mesure que le temps se dégrade à l'approche d'une dépression, les altostratus moins épais et de moyenne altitude. Ils produisent généralement des pluies persistantes ou de la neige, parfois lourdes, mais rarement torrentielles comme les pluies d'orage.

@ Nuage

LES ALTOCUMULUS ▶

Les ensembles de petits nuages floconneux dérivant dans le ciel à moyenne altitude constituent les altocumulus. Ce type de nuages se développe généralement dans les couches d'air humide où les courants d'air se déplacent en ondes de faible amplitude. Les nuages se forment alors sur le pic plus froid de ces ondes. Ils peuvent aussi former de longues bandes nuageuses parallèles qui, soit recouvrent entièrement le ciel, soit laissent entre elles des intervalles de ciel bleu.

▲ LES CIRROSTRATUS

Les nappes ininterrompues de nuages de haute altitude, comme ici dans le haut de l'image, constituent les cirrostratus. Ils peuvent rendre le ciel entièrement blanc le jour et rouge à la tombée du soir, mais ils sont si minces que le Soleil, ou même la Lune, peuvent apparaître au travers. Si des cirrostratus se forment à partir des cirrus mécheux, cela annonce généralement l'approche du mauvais temps. S'ils se brisent, cela augure au contraire une amélioration.

◀ LES STRATUS

Tout nuage formant une nappe continue est appelé stratus. Il se forme généralement à basse altitude, habillant tout le ciel d'un gris morne, mais peut aussi se former un peu plus haut, comme sur cette photo prise au coucher du soleil. Les stratus se forment souvent lorsque de l'air humide est transporté au-dessus d'une surface froide comme la mer, qui refroidit la vapeur d'eau de sorte qu'elle se condense en nuage. Le même processus produit également le brouillard.

◀ LES CUMULONIMBUS

Les plus gros nuages sont ceux qui produisent les pluies torrentielles, les éclairs et la grêle. À l'arrière-plan, ici, on voit un cumulonimbus dont la base se trouve près du sol, mais qui s'élève jusqu'aux plus hautes altitudes où il s'étale souvent comme un champignon parce qu'il ne peut pas s'élever plus haut. Ces nuages contiennent de violents courants ascendants qui précipitent les gouttes d'eau et les cristaux de glace les uns contre les autres. Ils s'agglomèrent jusqu'à ce qu'ils retombent en fortes pluies ou en grêle.

LES CUMULUS ▶

Les nuages moutonnants qui se forment dans les ciels bleus d'été sont des cumulus. Ils apparaissent lorsque de l'air chaud et humide s'élève par convection jusqu'à une altitude où la température est assez froide pour provoquer la condensation de la vapeur en gouttelettes d'eau. L'air ascendant chasse l'air plus frais par les côtés, où il redescend autour de chaque nuage, empêchant celui-ci de s'étaler. Les cumulus peuvent évoluer en formes plus menaçantes, mais ceux que l'on voit ici ne donnent jamais de pluie.

Les conditions climatiques extrêmes

Un rayonnement solaire intense peut provoquer un taux d'évaporation très élevé qui entraîne l'ascension inhabituellement rapide de l'air chaud et humide. Ainsi se forment d'énormes cumulonimbus qui produisent des orages, des tempêtes et de la grêle et créent des zones de très basse pression. À l'intérieur de ces zones, l'air s'élève en tourbillonnant, créant une profonde dépression où règnent des vents très puissants. Au-dessus des océans tropicaux, les chaleurs intenses génèrent les ouragans, ou cyclones tropicaux. Dans les terres, dans des cas extrêmes, les courants ascendants peuvent donner naissance à des tornades destructrices.

LES CHUTES DE GRÊLE ▶

Les cumulonimbus géants qui donnent les orages sont érigés par de puissants courants d'air ascendants atteignant des vitesses de 160 km/h ou plus. À l'intérieur, les cristaux de glace, ballottés de bas en haut et de haut en bas par l'air en mouvement, captent les gouttes d'eau qui gèlent à leur contact et les font grossir. Si les cristaux subissent ce traitement assez longtemps pour accumuler les couches de glace, ils se transforment en grêlons. Et lorsque les courants d'air sont puissants, ils peuvent donner naissance à des grêlons énormes et très dangereux, comme ceux-ci.

@ Tempête

◀ LES ÉCLAIRS

Dans un nuage d'orage, les courants d'air projetant en tous sens les cristaux de glace provoquent entre ceux-ci des frictions qui génèrent de l'électricité statique. Le nuage se charge comme une batterie géante avec le pôle positif à son sommet, le pôle négatif à sa base. Si la tension entre les deux atteint environ 1 million de volts, elle se décharge en une étincelle géante : l'éclair. Sur son tracé, l'éclair élève instantanément l'air à une température telle que celui-ci se dilate tout aussi instantanément, provoquant une onde de choc sonore que nous appelons le tonnerre.

LES TORNADES ▶

Ces phénomènes terrifiants sont provoqués par de l'air tourbillonnant en spirale vers le haut à la base d'un nuage d'orage très vigoureux. Les tourbillons sont assez puissants pour mettre en pièces des bâtiments et c'est en leur cœur que l'on a enregistré les vents les plus puissants connus sur Terre : au moins 512 km/h dans une tornade survenue aux États-Unis.

▼ LES CYCLONES TROPICAUX

Dans les océans tropicaux, la chaleur estivale entraîne l'évaporation d'énormes quantités de vapeur d'eau. Celle-ci s'élève pour former de gigantesques nuages de tempête qui tournent en spirale autour d'une zone de très basse pression. La spirale tourne vers l'intérieur et, à mesure qu'elle se resserre, les vents peuvent y atteindre 300 km/h, voire plus. Pourtant, dans l'œil du cyclone situé au centre, le temps reste parfaitement calme et clair.

▲ LES TROMBES D'EAU

Les tornades peuvent se développer au-dessus de mers côtières ou de grands lacs, en particulier dans les zones tropicales et subtropicales. La puissance des courants ascendants s'élevant en spirale dans le nuage aspire l'eau vers le haut, formant des trombes d'eau. Celles-ci sont généralement moins violentes que les tornades, toutefois assez pour faire chavirer un bateau. Mais c'est surtout lorsqu'elles s'achèvent en laissant retomber les masses d'eau aspirées qu'elles sont les plus destructrices.

Dans la tornade, les vents peuvent atteindre 240 km/h.

Un nuage étroit en entonnoir tourbillonnant atteint le sol.

▲ LES SURCOTES DE TEMPÊTE

Au cours d'un cyclone, les vents convergents et la pression extrêmement basse de l'air au-dessus de l'océan provoquent un renflement des eaux appelé surcote de tempête. Celle-ci peut balayer les terres comme un tsunami et provoquer des destructions massives. Ce sont des phénomènes de ce type qui ont presque entièrement détruit La Nouvelle-Orléans, aux États-Unis en 2005, et tué au moins 150 000 personnes en Birmanie en 2008.

Les climats

Le climat d'une région est défini par les conditions météorologiques moyennes qui y règnent – températures, précipitations, vents – et la manière dont celles-ci varient d'une saison à l'autre. Il dépend d'une combinaison de facteurs : principalement la position de la région par rapport à l'équateur terrestre, son altitude au-dessus du niveau de la mer et sa proximité de l'océan. Le climat a une influence déterminante sur les milieux ; selon son type, le paysage sera vert et luxuriant, dénudé, sec et poussiéreux, ou bien gelé tout ou partie de l'année, etc.

❶ L'ÉNERGIE SOLAIRE

L'ensoleillement est intense sous les tropiques, où les rayons solaires tombent verticalement sur la Terre. Il l'est beaucoup moins dans les régions polaires où le rayonnement parvient plus à l'oblique et très étalé. En outre, la Terre étant inclinée sur son axe, les régions orientées vers le Soleil changent tout au long de l'année, ce qui détermine les saisons. Celles-ci sont de plus en plus marquées à mesure que l'on se rapproche des pôles, qui jouissent d'un ensoleillement presque constant en été, et d'une nuit permanente et de froids extrêmes en hiver.

❷ LE CLIMAT TROPICAL

Sous les tropiques, la chaleur intense durant le jour provoque l'évaporation de grandes quantités d'eau des océans, créant une ceinture de nuages de tempête pratiquement permanente autour de la planète. Ceux-ci déversent quasi quotidiennement des pluies torrentielles sur les terres émergées. Ces pluies permettent la croissance des forêts primaires, qui contribuent elles aussi au climat en rejetant dans l'air beaucoup d'humidité.

❸ LE CLIMAT SUBTROPICAL

Une fois en altitude, l'air humide qui s'élève sous les tropiques s'écoule vers le nord et le sud. Lorsqu'il atteint les régions subtropicales, il s'est refroidi et a perdu toute sa vapeur d'eau. Il commence donc à redescendre, créant de vastes zones de haute pression. Mais en plongeant, il se réchauffe et absorbe toute l'humidité des régions situées en dessous et l'emporte au loin, donnant naissance aux déserts subtropicaux comme le Sahara ou l'aride désert intérieur australien.

❹ LE CLIMAT DE MOUSSON

Le nord de l'Asie devient très froid en hiver. Il refroidit donc l'air au-dessus et le fait descendre. Celui-ci s'écoule alors vers le sud en direction de l'océan Indien, au-dessus duquel il s'élève à nouveau. En hiver, l'Inde est donc balayée par un air continental sec et connaît des mois de sécheresse. Mais l'été, le continent se réchauffe. Cela réchauffe aussi l'air qui se met à s'élever, ce qui a pour effet d'attirer les masses d'air humide océanique, provoquant des pluies torrentielles. Cette inversion saisonnière est appelée la mousson.

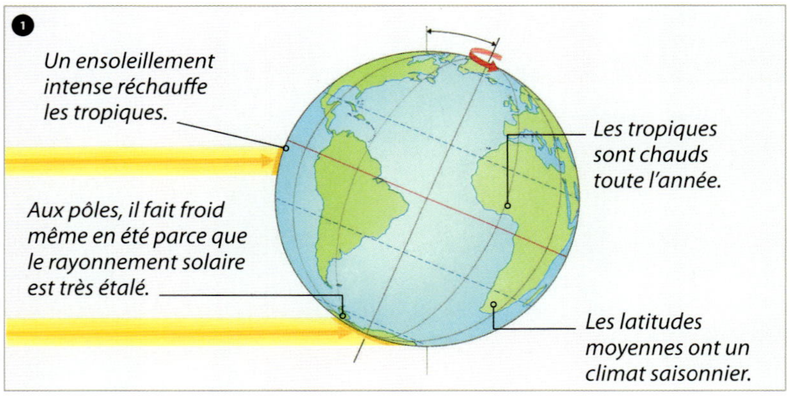

L'énergie solaire et les saisons

Le désert libyen

Paysage méditerranéen, en France

❺ LE CLIMAT MÉDITERRANÉEN

Autour de la Méditerranée et dans des régions similaires comme certaines parties de la Californie et de l'Australie, les étés chauds et secs sont suivis d'hivers doux et humides. Ces conditions conviennent aux plantes persistantes à petites feuilles coriaces, qui restent en dormance l'été et poussent en hiver. Beaucoup sont adaptées aux incendies de forêt. Certaines ont même besoin du feu pour libérer leurs graines.

❻ LES CLIMATS OCÉANIQUES

Dans les régions tempérées, les systèmes climatiques se déplacent vers l'est, depuis les océans vers les terres. De ce fait, les côtes occidentales des continents – l'Irlande, par exemple – jouissent d'un climat océanique doux et souvent humide, où les forêts sont vertes et l'herbe épaisse. Lorsque les masses d'air atteignent le cœur des continents, elles ont perdu l'essentiel de leur humidité, et aux forêts succèdent des prairies sèches, ou même des déserts.

❼ À LA PÉRIPHÉRIE DU PÔLE

Tout autour des glaces arctiques s'étend la toundra, une zone dépourvue d'arbres à la végétation très rase, qui cède le pas à une vaste ceinture de forêts persistantes appelée taïga. Dans ces régions, les hivers sont extrêmement froids, particulièrement dans les secteurs continentaux éloignés des océans. Dans la toundra, cela se traduit par un sous-sol gelé en permanence, le permafrost. Les étés sont très frais, mais assez chauds pour faire fondre la neige et la glace de surface et permettre à des plantes résistantes, adaptées au froid, de se développer.

Les pluies de mousson, en Inde

Côtes d'Irlande

❽ LES DÉSERTS POLAIRES

À cause de l'air froid qui descend sur les pôles et qui empêche la formation des nuages, il tombe très peu de neige sur les régions polaires qui sont, en fait, des déserts glacés. Mais si rare qu'elle soit, cette neige ne fond pas parce que, sur la majeure partie du Groenland et de l'Antarctique, les étés ne sont pas assez chauds. De ce fait, elle s'accumule depuis des millénaires formant des calottes glaciaires permanentes. Les plantes ne peuvent pas pousser sur un tel support et la vie animale y est également rare.

LE VERT DE LA VIE
Des arbres résistants brillent d'un vert vif dans le soleil au milieu des roches volcaniques de la Cappadoce, en Turquie. La vie a conquis les terrains les plus hostiles grâce au processus de l'évolution.

Les milieux naturels

L'histoire de la vie

Personne ne sait comment la vie est véritablement apparue sur Terre. Certains suggèrent que ses germes seraient arrivés sur notre planète dans les nombreuses comètes porteuses d'eau qui la heurtèrent au début de son histoire. Elles auraient, en quelque sorte, ensemencé le globe. Cela est possible. Quoi qu'il en soit, même venu d'ailleurs, il faut bien que le matériel organique se soit formé quelque part dans un processus ayant assemblé des substances chimiques simples en molécules complexes nécessaires à la vie. En fait, la plupart des scientifiques pensent que ce phénomène s'est bel et bien déroulé sur Terre il y a environ 3,8 milliards d'années, 800 millions d'années après la formation de la planète.

❶ À L'ORIGINE

Lors de sa formation à partir d'une masse de gaz et de poussières il y a quelque 4,6 milliards d'années, la Terre était biologiquement morte, même si les roches qui la constituaient renfermaient tous les éléments nécessaires à la chimie de la vie. Sa gravité et sa position dans le Système solaire lui permirent de retenir captifs une atmosphère gazeuse et des océans liquides, tous deux essentiels à l'apparition des premières formes de vie.

❷ LES MOLÉCULES ORGANIQUES

Toutes les formes de vie dépendent de molécules à base de carbone, constituants des matières organiques complexes telles que les protéines. Les organismes vivants fabriquent leurs propres protéines à partir d'instructions codées contenues dans les molécules en hélice de l'ADN (acide désoxyribonucléique) héritées de leurs parents. Mais les toutes premières molécules organiques ont dû se former par des réactions purement chimiques, peut-être déclenchées par l'énergie électrique des éclairs d'orage.

❸ LES CELLULES VIVANTES

La molécule d'ADN se reproduit elle-même en se séparant en deux moitiés qui se reconstituent ensuite en puisant des éléments chimiques qu'elles incorporent à leur structure. Elles ont besoin pour cela d'être alimentées en éléments chimiques. L'une des clés de l'évolution de la vie fut l'apparition de la cellule, sac microscopique renfermant de l'eau et des nutriments vitaux, ainsi que l'ADN et d'autres molécules organiques. Les premières cellules furent des bactéries, les formes de vie les plus simples.

❹ L'ÉNERGIE DE LA LUMIÈRE

La vie a besoin d'énergie. Il y a quelque 3,8 milliards d'années, les premières bactéries dépendaient de l'énergie délivrée par des substances chimiques. Des organismes similaires survivent encore de nos jours dans des sources chaudes. Plus de 1 milliard d'années plus tard, l'évolution avait donné naissance aux cyanobactéries, capables d'absorber l'énergie fournie par le Soleil et de s'en servir pour transformer le dioxyde de carbone et l'eau en glucides et en oxygène. Par ce processus, appelé photosynthèse, les cyanobactéries produisirent l'oxygène de l'atmosphère.

❺ SUPERCELLULES

Les bactéries sont des cellules simples dites procaryotes – des petits sacs de composés chimiques et de molécules organiques. Il y a environ 2,5 milliards d'années, un type de cellules plus complexes apparut. Elles présentaient des structures spécialisées dans différentes tâches, notamment un noyau renfermant de l'ADN et contrôlant l'activité d'autres structures, comme celles qui transforment la nourriture en énergie. Ces cellules, dites eucaryotes, sont beaucoup plus diversifiées que les bactéries et comptent une immense variété d'organismes unicellulaires, comme les diatomées du plancton.

❻ DES COLONIES DE CELLULES

Les premiers organismes vivants étaient tous faits d'une seule cellule, comme aujourd'hui encore la plupart des microbes. Avec le temps, toutefois, certains s'assemblèrent pour former des colonies, comme les volvox, organismes d'eau douce actuels composés de plus de 500 cellules eucaryotes réunies en une sphère. Il y a environ 2,2 milliards d'années, se développèrent des colonies similaires où des cellules spécialisées dépendaient des autres pour assurer leur alimentation. Ces colonies étaient en train de former les premiers organismes pluricellulaires.

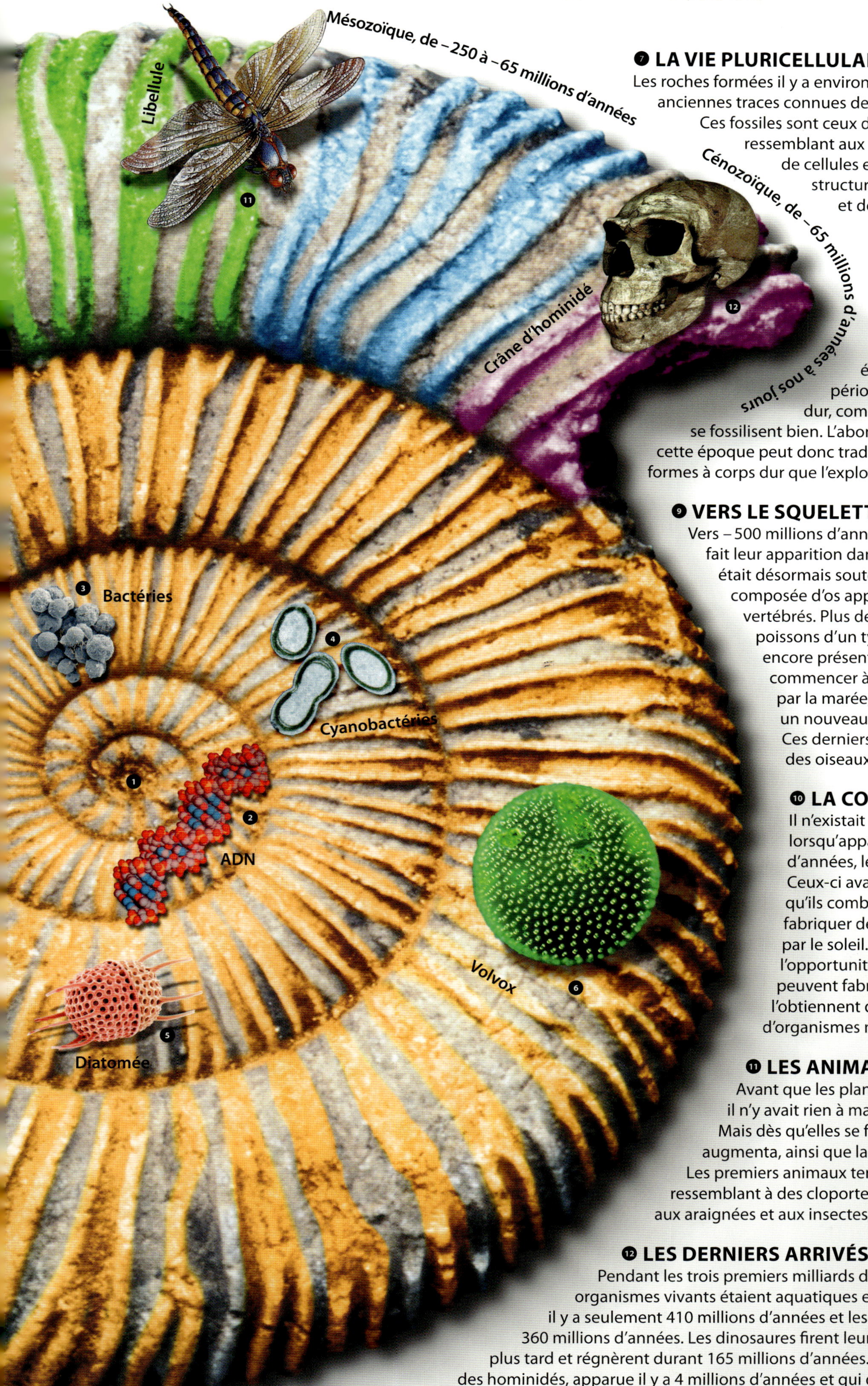

❼ LA VIE PLURICELLULAIRE

Les roches formées il y a environ 800 millions d'années renferment les plus anciennes traces connues de véritables formes de vie pluricellulaires. Ces fossiles sont ceux de créatures à corps mou, certaines ressemblant aux méduses actuelles. Constituées de millions de cellules eucaryotes, leur organisme présente des structures spécialisées telles que des tentacules et des organes reproducteurs.

❽ L'EXPLOSION DE LA VIE

Les êtres vivants constitués de nombreux types de cellules différents sont plus gros et plus complexes que les organismes unicellulaires. Il y a environ 540 millions d'années, se produisit une explosion évolutive. Nombre de fossiles de cette période sont ceux d'animaux à corps désormais dur, comme les pycnogonides actuels. Ces animaux se fossilisent bien. L'abondance soudaine de fossiles datant de cette époque peut donc traduire aussi bien le développement des formes à corps dur que l'explosion de la variété des espèces animales.

❾ VERS LE SQUELETTE OSSEUX

Vers – 500 millions d'années, les premiers poissons avaient fait leur apparition dans les océans. Le corps de ces animaux était désormais soutenu de l'intérieur par une épine dorsale composée d'os appelés vertèbres. C'étaient donc les premiers vertébrés. Plus de 100 millions d'années plus tard, des poissons d'un type particulier, ressemblant au cœlacanthe encore présent dans nos océans tropicaux, durent commencer à s'aventurer sur les berges découvertes par la marée, et donner peu à peu naissance à un nouveau groupe d'animaux : les amphibiens. Ces derniers sont les ancêtres des reptiles, des oiseaux et des mammifères.

❿ LA CONQUÊTE DE LA TERRE FERME

Il n'existait aucune forme de vie sur la terre ferme lorsqu'apparurent, il y a environ 470 millions d'années, les végétaux inférieurs comme les mousses. Ceux-ci avaient la capacité d'absorber l'eau de pluie, qu'ils combinaient avec le dioxyde de carbone pour fabriquer de la nourriture en utilisant l'énergie fournie par le soleil. Cela donna également aux champignons l'opportunité de se développer. Ces derniers ne peuvent fabriquer eux-mêmes leur nourriture mais l'obtiennent déjà prête en se nourrissant des restes d'organismes morts tels que les mousses.

⓫ LES ANIMAUX TERRESTRES

Avant que les plantes n'envahissent la terre ferme, il n'y avait rien à manger. Les animaux n'auraient pu y survivre. Mais dès qu'elles se furent implantées, la quantité de nourriture augmenta, ainsi que la diversité des formes animales. Les premiers animaux terrestres connus étaient de petits êtres ressemblant à des cloportes. Ils donnèrent naissance aux myriapodes, aux araignées et aux insectes, qui existent depuis 325 millions d'années.

⓬ LES DERNIERS ARRIVÉS

Pendant les trois premiers milliards d'années de la vie sur Terre, les seuls organismes vivants étaient aquatiques et unicellulaires. Les animaux apparurent il y a seulement 410 millions d'années et les premiers quadrupèdes il y a environ 360 millions d'années. Les dinosaures firent leur entrée quelque 130 millions d'années plus tard et régnèrent durant 165 millions d'années. En comparaison, la lignée des hominidés, apparue il y a 4 millions d'années et qui devait conduire à l'homme, ne représente qu'une infime fraction de l'histoire de notre planète.

La biodiversité

Au cours des 800 derniers millions d'années, la Terre a connu une spectaculaire diversification des formes de vie. Des millions d'espèces sont apparues, des millions se sont éteintes dans un processus éternel qui transforme en permanence la nature et la vie sur la planète. Les scientifiques désignent aujourd'hui cette abondance vivante sous le terme de biodiversité. En outre, ils distinguent trois niveaux de biodiversité : celui des espèces vivantes, celui des patrimoines génétiques et celui des milieux naturels. Préserver la biodiversité aujourd'hui, c'est œuvrer à la protection du monde vivant à ces trois échelles.

▼ LES CHAMPIGNONS

Au contraire des plantes, les champignons ne fabriquent pas leur propre nourriture et, comme les animaux, ils doivent l'absorber à l'état déjà constitué. Il en existe des formes microscopiques unicellulaires comme les levures, et des formes pluricellulaires faites de réseaux filamenteux souterrains qui produisent des fructifications porteuses de spores. Certains s'associent à des algues pour former les lichens.

Conifère

Cycadale

Sunflower

Fougère

Mousses

◀ LES PLANTES

Quasiment toutes les plantes utilisent l'énergie du Soleil pour transformer le dioxyde de carbone et l'eau en nourriture, dans un processus appelé photosynthèse. Ce faisant, elles produisent la nourriture essentielle aux autres formes de vie. Les premières plantes étaient des mousses très basses, rejointes ensuite par les fougères, les cycadales, puis les conifères et les plantes à fleurs, parmi lesquelles de nombreux arbres.

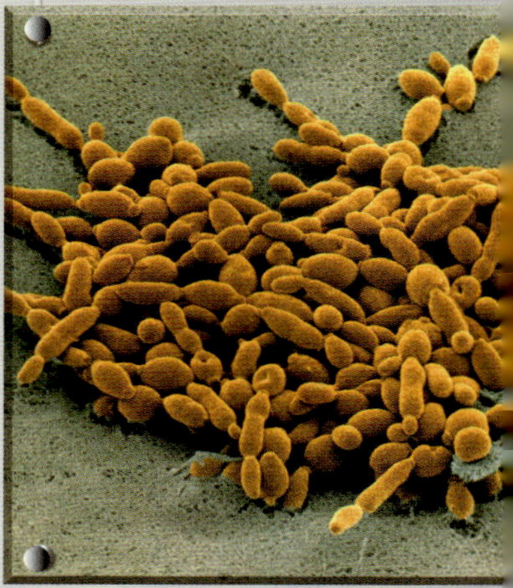
Levures

Lichen

Campagnol

Crabe terrestre

Grenouille tropicale

Escargot

▲ LA VIE ANIMALE SUR LA TERRE FERME

Pour conquérir les terres émergées, les animaux durent acquérir des moyens d'empêcher leur corps de se dessécher. Certains conservèrent un contact avec l'eau où ils continuaient de se reproduire ; ainsi les escargots, les crabes terrestres, les grenouilles restent liés aux milieux plus ou moins humides. D'autres, comme les insectes, les reptiles, les mammifères et les oiseaux, ont su coloniser tous les habitats.

Les algues pluricellulaires ne font pas partie des protistes, qui sont, quant à eux, unicellulaires.

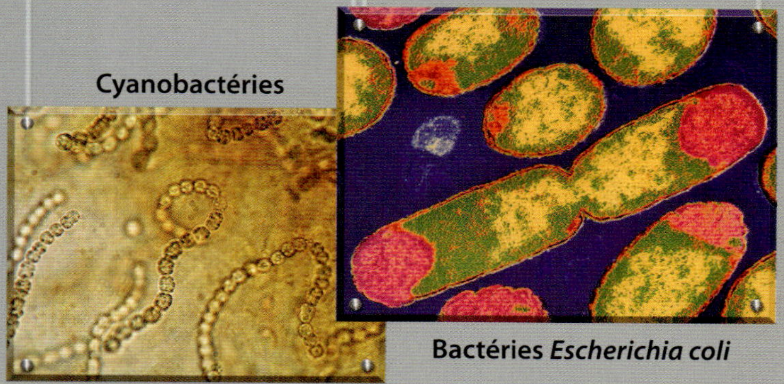

Bactéries *Escherichia coli*

LES BACTÉRIES ▲

Les bactéries sont les formes de vie les plus simples, constituées d'une unique cellule procaryote, c'est-à-dire dépourvue de noyau. Leur structure est beaucoup plus rudimentaire que celle des cellules eucaryotes des protistes et des organismes pluricellulaires. En dépit de cela, certaines formes, telles les cyanobactéries, utilisent la photosynthèse pour fabriquer leur nourriture, rejetant de l'oxygène au cours du processus. Dans le passé, ce sont elles qui ont produit l'oxygène qui permet aujourd'hui la vie.

▲ LES PROTISTES

On regroupe sous ce terme des organismes microscopiques unicellulaires à cellules eucaryotes, c'est-à-dire dotées d'un noyau. Certains, comme les diatomées et les algues unicellulaires, fabriquent leur nourriture de la même façon que les végétaux. D'autres, comme les foraminifères et les radiolaires, sont des consommateurs qui se comportent comme des animaux, d'autres encore comme des champignons.

▶ LA VIE ANIMALE DANS LES EAUX

Les animaux sont des organismes pluricellulaires qui tirent leurs nutriments de nourriture produite par d'autres êtres vivants. Ils ont également besoin d'absorber de l'oxygène pour transformer ces nutriments en énergie. Les premiers animaux évoluèrent dans l'eau et beaucoup vivent encore dans des milieux aquatiques. Il en existe des formes extrêmement variées : des éponges, qui sont à peine plus que des colonies de cellules, aux vertébrés actifs tels les poissons.

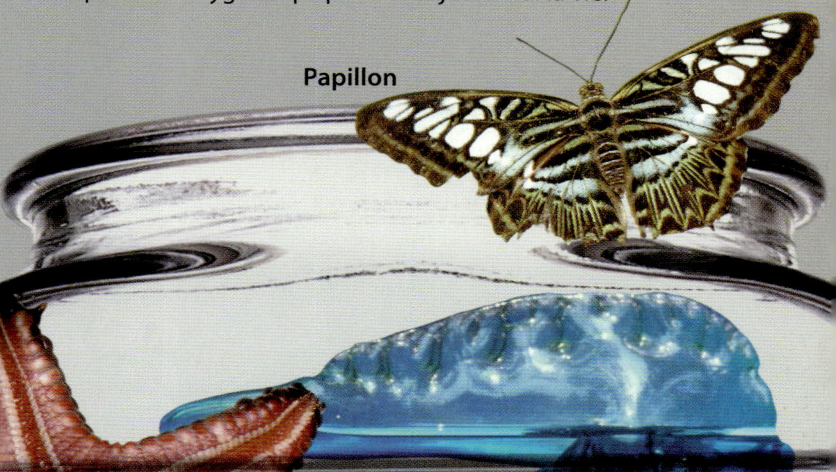

La vie marine

La majeure partie des êtres vivants sur Terre se rencontre dans la couche de surface des océans. Les rayons solaires y apportent l'énergie permettant au plancton végétal et aux algues de produire de la nourriture par photosynthèse, alimentant ainsi les autres animaux. En profondeur, en revanche, il fait trop sombre pour permettre la photosynthèse ; les animaux y survivent en consommant les débris tombant des couches supérieures ou en se dévorant entre eux. D'une manière générale, l'énergie se transmet dans les chaînes alimentaires du plancton microscopique aux plus grands prédateurs.

1 Le phytoplancton Il est composé d'organismes unicellulaires qui, comme les végétaux, transforment les substances chimiques en matière organique dont se nourrissent d'autres êtres vivants. Il abonde dans les eaux riches en nutriments, autour des côtes et dans les océans polaires.

2 Le zooplancton Des nuées d'animaux minuscules dérivent dans la mer avec le phytoplancton. Ils le consomment et se dévorent entre eux, formant le zooplancton, ou plancton animal. On y trouve des animaux adultes comme les copépodes, et des larves d'animaux plus gros comme des crustacés et mollusques, qui changent de mode de vie et quittent le plancton en grandissant.

3 Les harengs Les poissons petits à moyens vivant en bancs, comme les anchois et les harengs, se nourrissent de plancton en se servant de leurs branchies pour le filtrer et le séparer de l'eau de mer. Dans les eaux riches, ces poissons peuvent former des bancs énormes.

4 Les oiseaux Les bancs de poissons sont attaqués depuis les airs par des oiseaux marins comme les fous. Ils plongent tête la première dans l'eau pour saisir leurs proies dans leur long bec. Ces oiseaux passent une grande partie de leur temps à chasser en mer mais se reproduisent en vastes colonies côtières.

5 Les thons Les bancs de poissons qui se nourrissent de plancton attirent des prédateurs plus gros comme les saumons et les thons. Ces derniers forment des bancs rapides et mobiles, qui traversent les océans à la recherche de proies.

6 Les requins Des chasseurs comme les thons sont chassés à leur tour par des prédateurs plus gros comme les espadons et les requins océaniques. Le requin tigre est l'un des plus puissants et redoutables, doté de dents acérées lui permettant de trancher la carapace d'une tortue.

7 Les filtreurs géants Les plus gros animaux marins sont les requins géants et les baleines qui se nourrissent exclusivement en filtrant les petits animaux qui composent le plancton. Le requin pèlerin, illustré ici, peut atteindre 12 m de long.

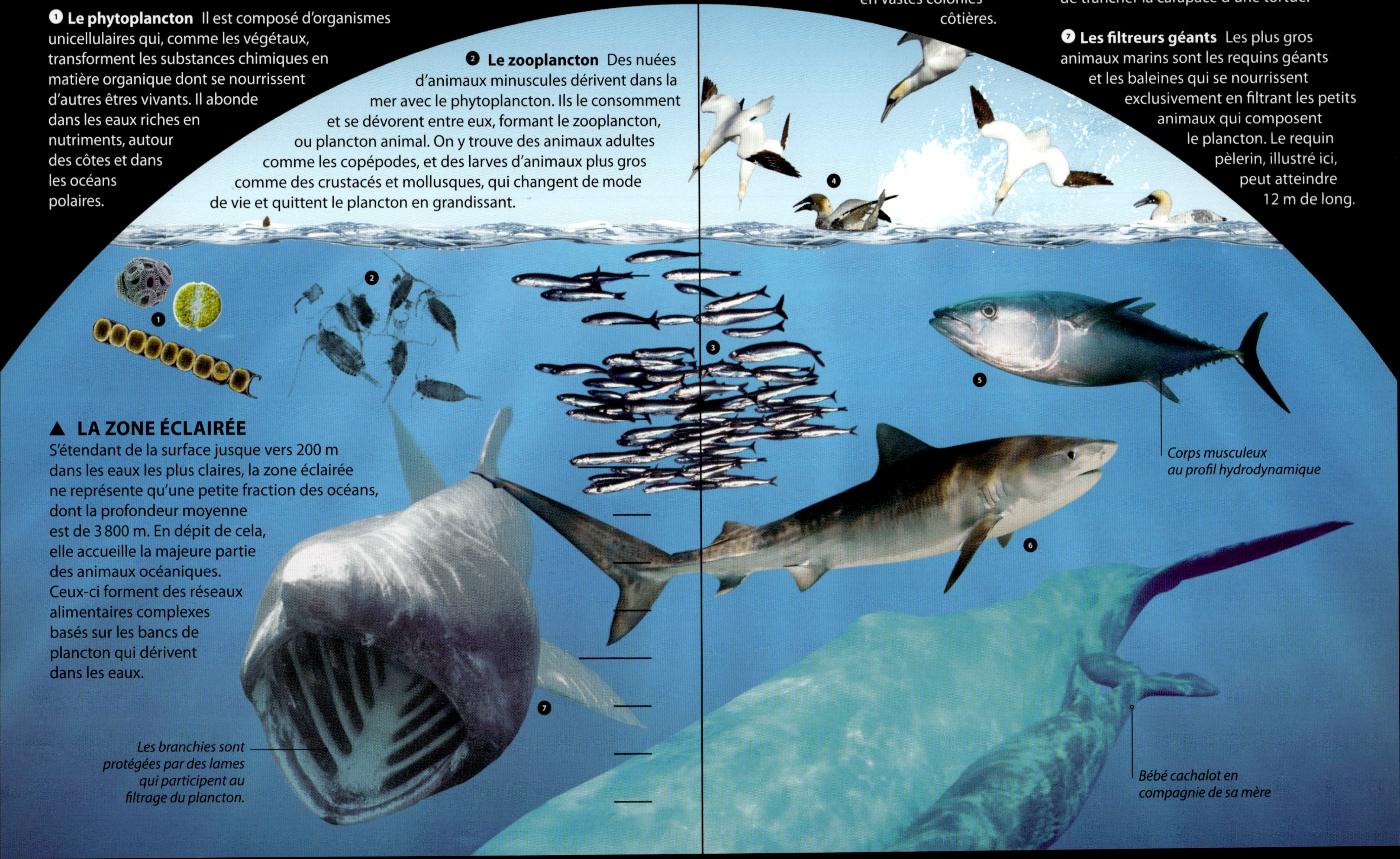

▲ LA ZONE ÉCLAIRÉE

S'étendant de la surface jusque vers 200 m dans les eaux les plus claires, la zone éclairée ne représente qu'une petite fraction des océans, dont la profondeur moyenne est de 3 800 m. En dépit de cela, elle accueille la majeure partie des animaux océaniques. Ceux-ci forment des réseaux alimentaires complexes basés sur les bancs de plancton qui dérivent dans les eaux.

▲ **LA ZONE CRÉPUSCULAIRE**
En dessous de 200 m de profondeur, il n'y a plus assez de lumière pour permettre la photosynthèse et le phytoplancton ne peut survivre. Nombre d'animaux qui peuplent cette zone remontent vers la surface toutes les nuits pour se nourrir. D'autres y restent en embuscade, épargnant leur énergie dans une vigilante immobilité, attendant le passage d'une proie potentielle.

8 Le cachalot Bien qu'il respire de l'air, le cachalot peut plonger jusqu'à 1 000 m de profondeur et plus pour chasser les calmars géants. Il emmagasine l'oxygène vital dans ses muscles et peut rester en plongée plus de 45 minutes.

9 Les poissons-hachettes Ces poissons aplatis comme une lame vivent le jour dans la zone crépusculaire mais migrent vers la surface la nuit. Leur face ventrale génère une faible lumière bleue de même intensité que la lueur tombant de la surface, ce qui les dissimule aux prédateurs qui attaquent par en dessous.

10 Le poisson-vipère Les proies sont rares dans les grandes profondeurs. Comme la plupart des prédateurs des abysses, le poisson-vipère possède des dents très longues pour être sûr qu'une fois attrapées, ses victimes n'aient aucune chance.

▲ **LA ZONE SOMBRE**
Au-delà de 1 000 m de profondeur, on plonge vers l'obscurité complète que seules animent les lueurs des espèces bioluminescentes vivant là. Beaucoup sont des prédateurs de cauchemar armés de longues dents et de gueules démesurées. Le plancher abyssal est peuplé de nécrophages qui recyclent les restes d'animaux morts tombant des couches supérieures.

11 Le poisson-ogre Comme le poisson-vipère, il dispose d'une impressionnante rangée de dents acérées pour capturer ses proies. Pour détecter ses victimes dans le noir, il possède des sens très développés ; il détecte avec précision le moindre changement de pression et les vibrations de l'eau.

12 Les grandgousiers Chez ces poissons bizarres, la bouche, qui peut s'ouvrir très grand, occupe la presque totalité du corps, et l'estomac peut se dilater comme un ballon. Cela permet à certains d'avaler des proies aussi grosses qu'eux, voire plus grosses, et qui les nourrissent pendant plusieurs semaines.

13 Les baudroies Les nombreuses baudroies qui peuplent les grands fonds attirent leurs proies à l'aide de leurres lumineux. Tout poisson qui s'approche pour y voir de plus près risque de se retrouver à portée de leur large bouche grande ouverte.

14 Les holothuries La plupart des espèces d'holothuries rampent sur le fond marin, avalant les sédiments mous et digérant tout ce qu'ils contiennent de comestible. Mais certaines espèces abyssales comme celle-ci sont aussi capables de nager un peu.

15 Les myxines Comptant parmi les nombreux charognards des abysses, les myxines creusent dans les carcasses des animaux morts pour les manger de l'intérieur. Leur odorat très développé leur permet de localiser la nourriture de très loin.

Récifs et atolls coralliens

Les récifs coralliens tropicaux sont parmi les écosystèmes les plus riches de la Terre. Cette richesse est basée sur le partenariat entre les polypes coralliens, qui sont des animaux coloniaux cousins des anémones de mer, et, vivant dans leurs tissus, des organismes microscopiques qui fabriquent de la nourriture par photosynthèse. Comme ils dépendent de la lumière, les récifs sont donc confinés à la zone des eaux marines éclairées, cristallines et peu profondes qui bordent les côtes et les îles tropicales. Ils fournissent des habitats à une étonnante diversité vivante, dans laquelle on rencontre aussi bien de minuscules poissons de récifs que des coquillages géants.

@ Récif corallien

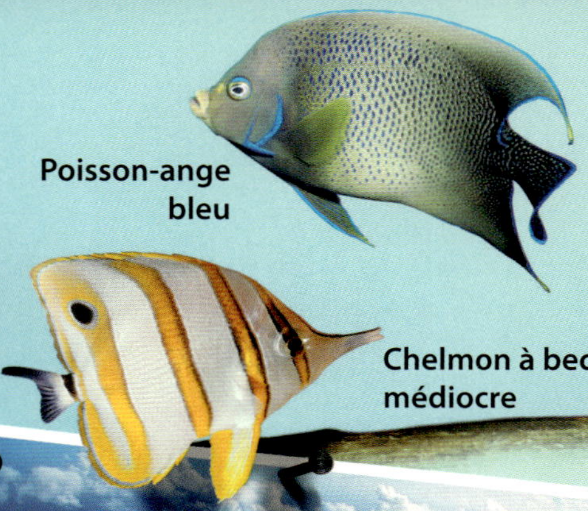

❶ RÉCIFS BARRIÈRES ET ATOLLS
De nombreux récifs coralliens se sont formés autour de volcans éteints qui s'effondrent lentement sous leur propre poids. Le corail vivant fait croître le récif en auteur tandis que le soubassement de l'île s'enfonce, formant tout autour un récif barrière qui délimite un lagon peu profond. Lorsque l'île volcanique originelle disparaît totalement sous les flots, il ne subsiste que l'anneau corallien appelé atoll, formant le plus souvent une île de sable blanc.

❷ SQUELETTE MINÉRAL
Les polypes coralliens sont des petits animaux cylindriques couronnés d'un anneau de tentacules urticants, vivant en colonies dont les individus sont en relation étroite et développant des formes diverses : branches, plateaux, blocs massifs, etc. Chaque polype est soutenu par un squelette calcaire sécrété par ses tissus. Lorsqu'il meurt, son squelette calcaire subsiste. De nouveaux coraux vivants se développent sur les squelettes de coraux morts, bâtissant ainsi peu à peu des récifs rocheux.

Les polypes sont trop petits pour être visibles individuellement.

Certains coraux forment des colonies ramifiées.

❸ LES POISSONS DE RÉCIFS

Le poids total – ou biomasse – des poissons sur un récif corallien n'est pas très élevé comparé à d'autres habitats marins, mais leur diversité y est étonnante. Ils s'y sont développés grâce aux nombreuses possibilités alimentaire s'offrant à eux sur un récif. Certains, comme les poissons-perroquets, mangent le corail lui-même. D'autres broutent les algues, attrapent du plancton ou mangent d'autres poissons.

Requins gris de récif

❹ LES INVERTÉBRÉS

Toutes sortes d'invertébrés très colorés peuplent les récifs coralliens : crevettes délicates, flamboyantes limaces de mer, cônes au venin mortel, etc. Le plus gros est le bénitier, un mollusque bivalve géant qui, comme les coraux, abrite dans ses tissus des masses de zooxanthelles, des micro-organismes à activité photosynthétique. Ces derniers fournissent au mollusque des sucres en échange de nutriments que le gros bivalve obtient en filtrant le plancton de l'eau de mer.

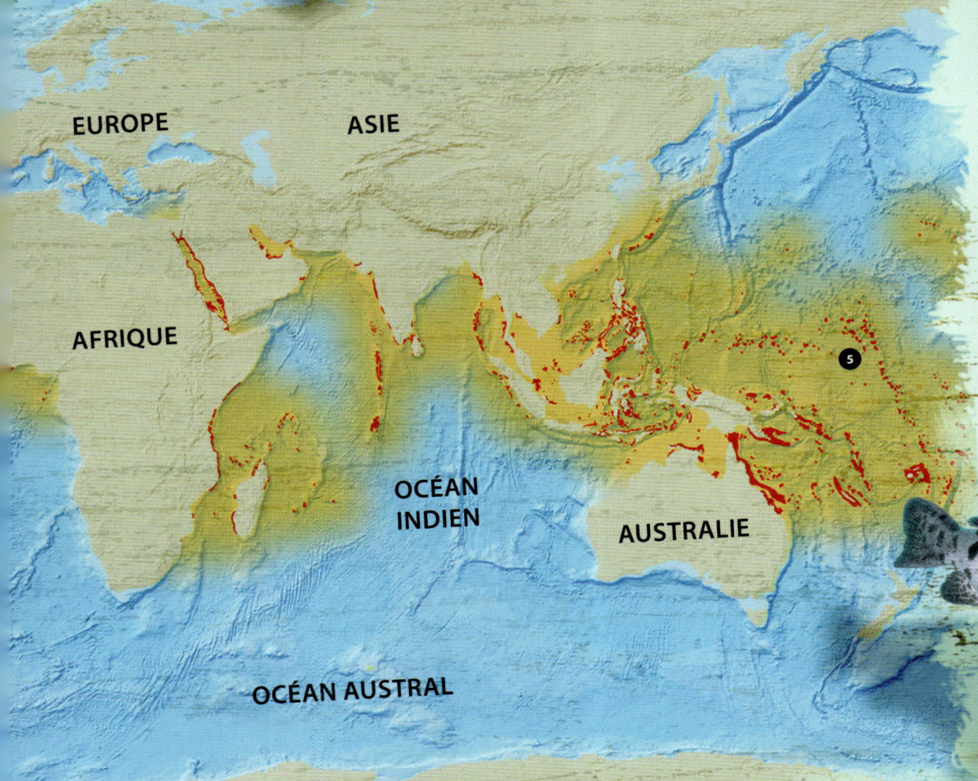

❺ LES ÎLES CORALIENNES

Le sud-ouest du Pacifique tropical est ponctué de dizaines de milliers d'îles coralliennes. La plupart sont trop petites pour avoir des noms et ne s'élèvent que de un mètre ou deux au-dessus des flots, mais bon nombre sont couronnées de forêts de cocotiers. Ces palmiers offrent des sites de nidification aux oiseaux marins, tandis que les tortues marines viennent pondre sur les plages.

Mérou patate

Bénitier géant

❻ DES MILIEUX TRÈS MENACÉS

Les coraux tropicaux prospèrent dans des eaux dont la température est située entre 20 et 29 °C. Si la mer devient plus chaude, ils peuvent rejeter les microscopiques partenaires qui leur fournissent leur nourriture, et virer au blanc, ce qui se solde souvent par leur mort. Avec le réchauffement de la planète, cette maladie blanche des coraux est une menace de plus en plus grande pour les récifs. Une autre est la couronne d'épines, une dévoreuse de corail qui peut se multiplier rapidement et détruire de vastes surfaces.

Des limaces de mer – ou nudibranches – très colorées broutent les animaux encroûtants sur le récif.

La couronne d'épines est une étoile de mer.

▼ DES MARAIS DE CYPRÈS
La plupart des arbres ne peuvent survivre dans des sols inondés mais quelque-uns, comme le cyprès chauve, possèdent des racines à pneumatophores qui collectent l'oxygène au-dessus du niveau de l'eau. Originaire d'Amérique du Nord, le cyprès chauve pousse dans les marais des États subtropicaux comme la Louisiane, région célèbre pour les rares et magnifiques orchidées qui, là-bas, poussent en épiphytes sur les branches des arbres.

Les marais

Les marais sont des milieux d'eau douce envahis, dans leur majeure partie, par une dense végétation. Beaucoup sont des zones de transition entre des milieux d'eau libre et des prairies ou des forêts sèches. Ils varient de l'étang ou des berges de rivière bordés de roselières aux forêts inondées peuplées de grands arbres. Ces habitats abritent le plus souvent une grande diversité de formes de vie. Toutefois, certains ne sont colonisés que par quelques espèces de plantes et d'animaux spécialisés, comme les tourbières acides. Mais même ces dernières sont des milieux riches comparées aux déserts, simplement parce qu'elles reçoivent l'eau indispensable à la vie.

▲ DES FORÊTS DE PAPYRUS
Les berges de nombreux lacs et rivières d'Afrique sont envahies par une plante ressemblant à un jonc géant appelée papyrus, comme ici dans le delta de l'Okavango au Botswana. Ces plantes entremêlées forment parfois des îles flottantes. Quasiment rien d'autre ne pousse dans les grandes papyraies, mais elles offrent de sûrs refuges à un grand nombre d'espèces animales. Elles abritent notamment des oiseaux aquatiques, des crocodiles et des bandes d'hippopotames qui passent leurs journées dans l'eau et en sortent la nuit pour aller se nourrir dans les prairies qui les bordent.

▲ MARÉCAGES ET LANDES TOURBEUSES
Les terres basses gorgées d'eau accueillent des carex, des joncs et des roseaux qui s'enracinent dans la boue, formant des marécages. En mourant, ils ne se décomposent pas correctement mais s'accumulent sous forme de tourbe. Avec le temps, des arbres de terrains humides comme les saules et les aulnes s'y enracinent, assèchent la tourbe et transforment le marais en boisements tourbeux.

Héron garde-bœufs

▶ LES MANGROVES

Dans la zone tropicale, les côtes abritées et les estuaires sont colonisés par les mangroves, des forêts peuplées de palétuviers. Ces arbres supportent de voir leurs racines recouvertes par l'eau salée grâce à des adaptations semblables à celles des cyprès chauves. À chaque marée haute, les mangroves sont envahies par la mer, offrant des abris à de nombreux poissons. La marée basse révèle des vasières peuplées de crabes violonistes et de périophtalmes, petits poissons capables de passer de longs instants hors de l'eau.

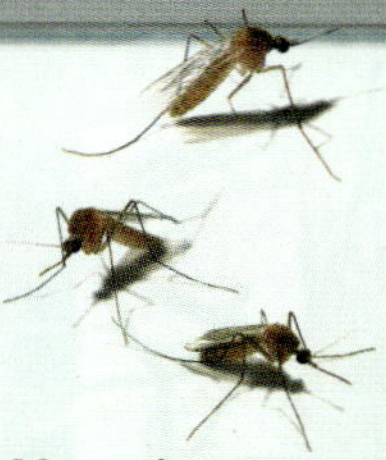

Moustiques

LES TOURBIÈRES ACIDES ▶

Dans les régions humides et froides, les mousses appelées sphaignes poussent sur les restes de plantes gorgées d'eau, créant des tourbières acides. Peu de plantes parviennent à croître dans ces conditions difficiles, mis à part des espèces spécialisées comme des droséras carnivores. Celles-ci se nourrissent de moustiques se reproduisant dans l'eau des tourbières.

◀ LES MARAIS DE TOUNDRA

Dans l'Arctique, en remontant vers le pôle, les forêts persistantes font place à la toundra qui cerne la calotte polaire. Ici, le sous-sol est gelé en permanence, formant le permafrost. La glace de surface fond durant l'été, mais le permafrost l'empêche de s'infiltrer, de sorte que la toundra dégelée se transforme en marécages. Elle ressemble aux tourbières acides mais en plus froid. Seules quelques plantes résistantes parviennent à survivre à la combinaison de sols détrempés, de vents très froids et d'hivers glacials qui règnent en ces lieux.

@ Zone humide

◀ LES MARAIS TROPICAUX SAISONNIERS

Sous les tropiques, durant la saison des pluies, les grandes rivières qui drainent les forêts et les savanes sortent de leur lit pour inonder les milieux qui les bordent. Dans le sud de l'Amazonie, c'est ainsi que se forme le marais du Pantanal qui, durant les pics de crues, s'étend sur 195 000 km², ce qui en fait le plus vaste marécage du monde. Toute la région devient un milieu pour les animaux aquatiques, comme ces caïmans à lunettes, l'anaconda, qui est le plus grand serpent du monde, ou encore la loutre géante.

Anaconda

LES MARAIS SAUMÂTRES ▶

Les estuaires boueux des régions tempérées sont colonisés par des plantes basses halophiles – c'est-à-dire qui tolèrent le sel –, formant des marais saumâtres. Les régions les plus proches des côtes sont dominées par des plantes succulentes et des graminées, mais les autres secteurs sont plus buissonnants. Ils offrent des milieux à toute une variété de petits animaux, par exemple la souris des moissons des marais salés, en Californie.

Souris des moissons des marais salés

Les forêts

Grenouille à yeux rouges, Amérique centrale

Les forêts et les bois sont de denses peuplements d'arbres qui poussent si près les uns des autres que leurs couronnes forment une canopée quasi ininterrompue réduisant l'arrivée de lumière au sol. Les arbres ne pouvant pousser aussi densément sous les climats secs, les forêts sont confinées aux régions régulièrement arrosées et à celles où le climat est assez frais pour que le sol ne s'assèche jamais. D'autres plantes poussent parmi les arbres là où elles trouvent assez de lumière. Ces milieux fournissent des habitats riches en nourriture à une grande variété d'animaux.

▼ LES FORÊTS PLUVIALES TROPICALES

Aux abords de l'équateur, les pluies abondantes et les températures élevées qui règnent tout au long de l'année déterminent des conditions idéales pour le développement des arbres. C'est donc là que l'on trouve les forêts les plus luxuriantes du monde. Elles sont composées d'espèces feuillues persistantes atteignant des hauteurs considérables. Elles créent un milieu à plusieurs étages qui regorge de vie, la plupart de ses habitants vivant très haut au-dessus du sol.

Singe laineux, Amazonie

▲ LES FORÊTS SÈCHES

Les feuilles délicates des arbres des forêts pluviales ne survivent pas à de longues sécheresses. C'est pourquoi nombre d'espèces des climats secs, comme celles des forêts méditerranéennes et d'eucalyptus, ont développé des feuilles plus coriaces. Ainsi, les feuilles de ces chênes-lièges d'Espagne (sur la photo ci-dessus, leur écorce a été récoltée) possèdent une épaisse couche externe qui les empêche de s'assécher.

◀ LES FORÊTS PLUVIALES TEMPÉRÉES

Les forêts pluviales ne sont pas confinées aux tropiques. On en trouve aussi dans les régions tempérées, où le climat est plus frais mais reste très humide, avec des hivers doux, parfois sans période de gel. Les forêts de ce type se rencontrent au Japon, en Nouvelle-Zélande, en Tasmanie et sur la côte pacifique nord de l'Amérique du Nord, où poussent les fameux séquoïas géants.

Perruche à ventre jaune, Tasmanie

Pacha à deux queues, Europe méridionale

◀ LES FORÊTS DE CONIFÈRES

Les conifères, comme les cèdres et les cyprès des régions sèches, ont des feuilles réduites à de simples aiguilles cireuses pour réduire la perte en eau. Mais elles résistent aussi au gel. C'est pourquoi des conifères tels que les pins et les épicéas sont des espèces dominantes des forêts de taïga, qui forment une vaste ceinture autour de la zone arctique, à travers l'Alaska, le Canada, la Scandinavie et la Russie.

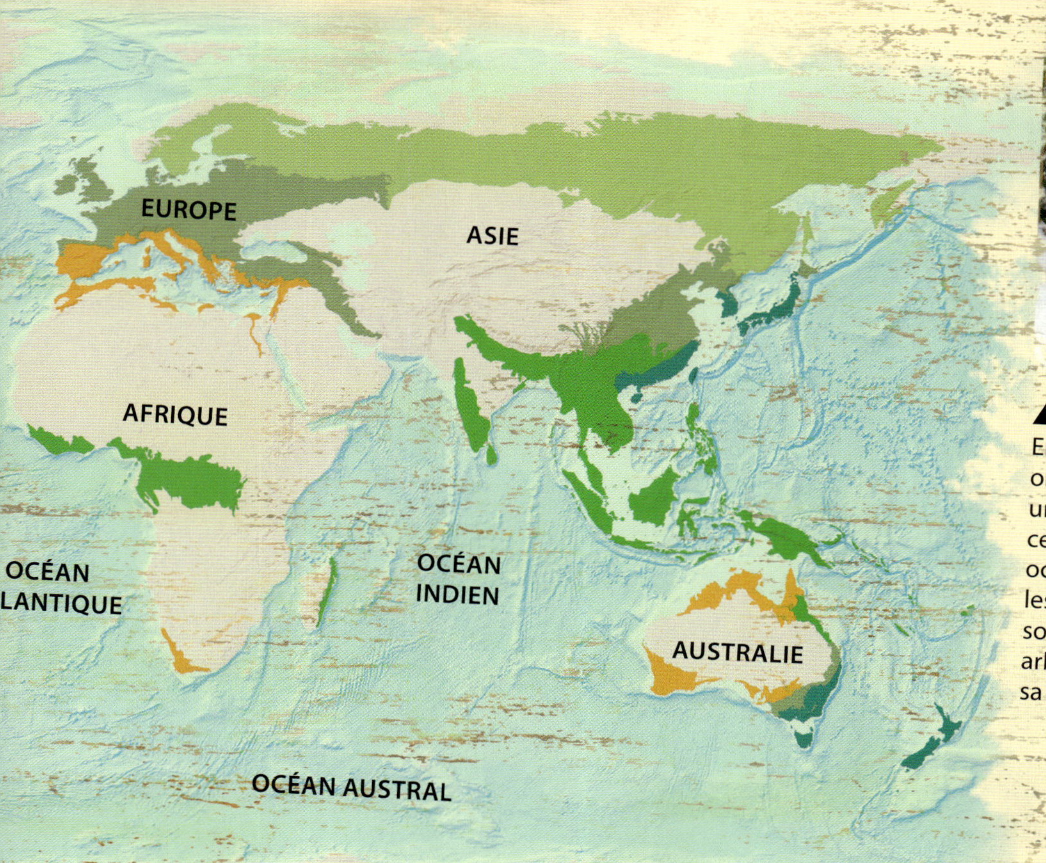

▲ LES FORÊTS DE BAMBOU

En de nombreuses régions du monde, on trouve des forêts dominées par un type d'arbre particulier. Ainsi, celles du sud-ouest de la Chine sont occupées par les bambous. Avec les rhododendrons, ils forment un sous-couvert dense sous les grands arbres, et offrent au grand panda sa principale source de nourriture.

◀ LES FORÊTS D'EUCALYPTUS

La plupart des arbres originaires d'Australie sont des eucalyptus ; on en compte environ 450 espèces. Ils ont une écorce résistante au feu et d'épaisses feuilles coriaces qui ne se dessèchent pas en plein soleil. Ces feuilles sont gorgées d'essences qui leur donnent mauvais goût. Elles sont néanmoins l'unique aliment des koalas, dont l'organisme est adapté pour les digérer.

LES FORÊTS D'ARBRES À FEUILLES CADUQUES ▶

Les arbres feuillus des régions tempérées, tels les chênes, les hêtres et les érables, portent des feuilles fines et délicates qui passent tout l'été à assurer leur fonction photosynthétique. L'automne venu, elles se dessèchent, meurent et tombent des arbres, pour être remplacées au printemps suivant.

Daim, forêts européennes

▼ LA SAVANE AFRICAINE

Les prairies tropicales d'Afrique sont de vastes étendues de graminées ponctuées d'arbres résistants à la sécheresse, comme les acacias et les baobabs. Ces grandes prairies, telles les plaines du Serengeti, en Tanzanie, sont parmi les rares dans le monde à avoir conservé leur faune originelle. Là, d'immenses troupeaux d'antilopes et de zèbres effectuent de grandes migrations à la recherche de pâturages nourriciers. Ils constituent les proies de grands prédateurs comme les lions, les léopards et les hyènes.

Les prairies

Dans les régions trop sèches pour accueillir des forêts, mais pas assez pour être désertiques, la végétation est dominée par les plantes herbacées, notamment les graminées. Bien sûr, d'autres plantes parviennent à pousser parmi les herbes, y compris des arbres, mais les graminées y restent prépondérantes. Les prairies tempérées connaissent une relative sécheresse tout au long de l'année, mais les prairies tropicales bénéficient d'une longue saison des pluies suivie d'une longue saison sèche. Elles nourrissent des troupeaux de grands mammifères herbivores, dont beaucoup effectuent de longues migrations pour exploiter les poussées saisonnières.

@ Prairie

▲ LES PAMPAS

Les prairies sèches se développent souvent derrière les chaînes de hautes montagnes, du côté abrité des pluies, les reliefs arrêtant les nuages poussés par les vents dominants. Ainsi, en Amérique du Sud, les Andes retiennent l'humidité des vents soufflant du Pacifique, de sorte que les terres situées à l'est forment les pampas froides et arides du sud de l'Argentine.

Chien de prairie à queue noire

◀ LA PRAIRIE NORD-AMÉRICAINE

Les grandes plaines sèches du centre de l'Amérique du Nord constituaient jadis une immense prairie de graminées, pâturée par de gigantesques troupeaux nomades de bisons et d'antilopes pronghorn. Elles étaient aussi l'habitat des chiens de prairie, des rongeurs qui y vivaient en colonies parfois immenses. La majeure partie de la grande prairie originelle a été transformée en terres agricoles, mais quelques poches ont été préservées.

◀ LA STEPPE D'ASIE

Des prairies tempérées se sont développées au centre de l'Eurasie. Elles connaissent des étés chauds et secs et des hivers froids et secs. Comme tant d'autres prairies, elles abritaient jadis des troupeaux de grands herbivores, tels l'antilope saïga et les chevaux sauvages. De nos jours, les mammifères sauvages les plus nombreux que l'on y trouve sont des petites espèces comme cet écureuil terrestre : le souslik – ou spermophile – d'Europe.

Souslik d'Europe

◀ LES PRAIRIES ALPINES

Les prairies se développent aussi en montagne au-delà de la limite supérieure des arbres. Avec des plantes robustes adaptées au froid et capables de survivre à des mois de neige et aux vents glacials de l'hiver, elles évoquent la toundra et sont parfois d'un aspect morne. Mais là où le substrat rocheux est fait de calcaire riche en nutriments, il s'y développe souvent des fleurs colorées comme cette digitale à grandes fleurs servant de perchoir à un damier noir.

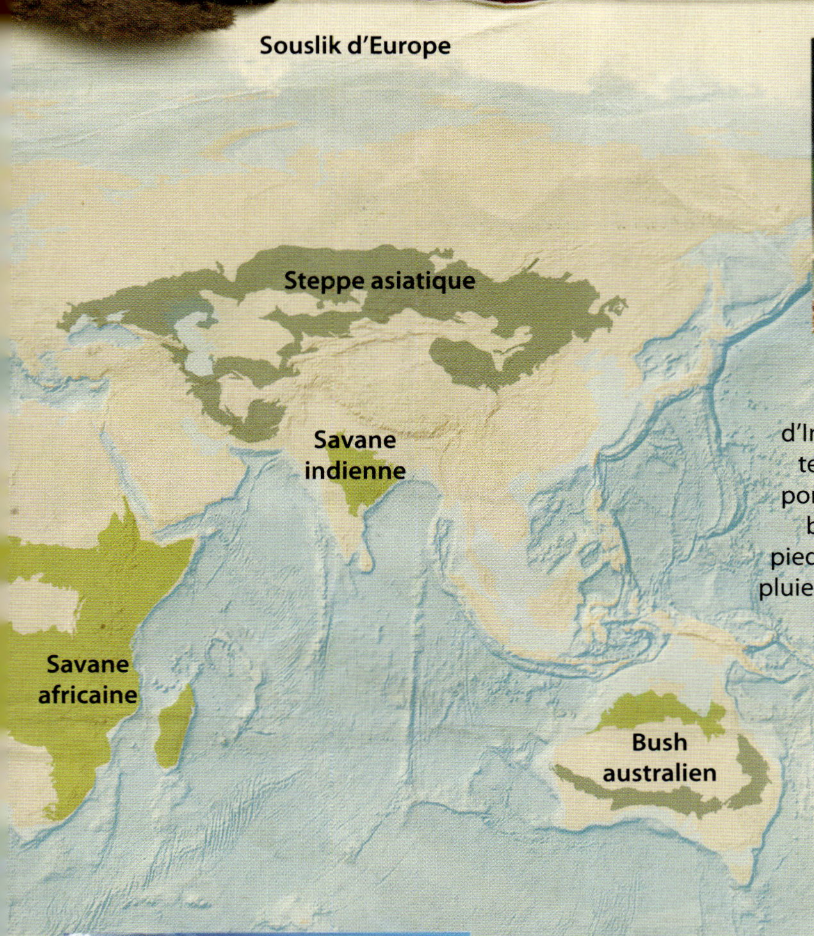

LA SAVANE INDIENNE ▲

Comme beaucoup de prairies, les savanes d'Inde sont aujourd'hui devenues surtout des terres agricoles, mais il en subsiste quelques portions dans les régions de collines et sur les bords des déserts. L'une d'elles se trouve au pied de l'Himalaya dans le nord du pays, où les pluies de mousson stimulent le développement de hautes herbes dans lesquelles les tigres chassent à l'affût.

LE CERRADO BRÉSILIEN ▼

Les forêts d'Amazonie sont flanquées de deux vastes étendues de prairies tropicales : les llanos dans le nord, et le cerrado à l'est. Le cerrado est un habitat riche qui se mue en forêts de palmiers dans les zones plus humides, et en semi-désert dans les plus sèches, au sud. Il accueille une grande variété d'animaux comme les nandous, proches de l'autruche, et le fourmilier géant, ou grand tamanoir.

▲ LE BUSH AUSTRALIEN

Les prairies sèches recouvrent de vastes surfaces en Australie. C'est ce que les Australiens appellent le bush, qui se mue en désert en avançant vers l'intérieur aride du continent. La principale végétation y est constituée de spinifex, graminées coriaces formant des touffes épaisses, ponctuées d'eucalyptus et de buissons épineux. Le bush est régulièrement balayé par des incendies, mais les herbes et les arbres sont adaptés pour survivre à leur passage. Certaines plantes nécessitent même des feux réguliers pour se reproduire.

Fourmilier géant

Les déserts

Les déserts se forment dans les régions très sèches au cœur des continents, dans des secteurs protégés des pluies par de hautes montagnes, ou bien, dans les zones subtropicales, là où de l'air sec descendant empêche les nuages de se former. Dans ces milieux, la végétation éparse est dominée par des espèces résistantes à la sécheresse, comme les cactées, les euphorbiacées et de robustes arbustes ligneux. La faune est surtout composée d'insectes, d'araignées, de scorpions et de reptiles, mais on y trouve aussi quelques oiseaux et quelques mammifères. Les rares grands animaux qu'on y croise sont nomades, et la majeure partie des plus petits se cachent dans des terriers le jour pour ne sortir que la nuit, quand il fait plus frais.

Le saguaro peut atteindre 12 m.

◀ LE DÉSERT D'ATACAMA

Le désert d'Atacama, le plus sec du monde, s'étend le long de la côte nord-ouest du Chili, où la seule humidité disponible est celle apportée par les brumes venant du Pacifique. Celle-ci permet, par endroits, à une végétation très clairsemée de se développer, et de nourrir des animaux comme ces guanacos, cousins des lamas. Mais la majeure partie du désert est une terre nue.

◀ LE DÉSERT DE SONORA

Faisant partie d'un complexe désertique dans le sud-ouest des États-Unis et du Mexique, le désert de Sonora est célèbre pour ses cactus géants saguaros et ses poussées-éclairs de fleurs lors des pluies d'hiver. Plus au nord, le désert Mojave englobe la tristement célèbre Vallée de la Mort, l'endroit le plus chaud des États-Unis, avec une température record enregistrée de 57 °C.

Troglodyte des cactus perché sur une fleur de saguaro

LE DÉSERT DE PATAGONIE ▶

Les vents océaniques qui soufflent vers l'est sur les Andes du Sud perdent toute leur humidité sur le flanc ouest de la chaîne montagneuse. De ce fait, les terres à l'est reçoivent très peu d'eau. C'est ce qui explique la présence du désert froid de Patagonie, un paysage pierreux très dénudé habité par quelques animaux résistants comme ce grand tatou velu.

LE DÉSERT DU KALAHARI ▶

Au cœur de la pointe sud de l'Afrique, le désert du Kalahari est un mélange de longues dunes de sable infestées de scorpions et de prairies sèches ponctuées d'arbres. La région abrite le delta de l'Okavango, vestige d'un immense lac préhistorique, qui se remplit d'eau à la saison des pluies pour donner naissance à l'un des plus grands havres de toute l'Afrique pour la faune sauvage.

Aiguillon venimeux défensif au bout de la queue

Scorpion creusant

LE DÉSERT DE GOBI ▼

Le désert de Gobi, en Mongolie et dans le nord de la Chine, est une région de hautes plaines arides constellées de cailloux qui connaît des étés brûlants et des hivers glacials. Il doit son climat sec à son éloignement des océans. Avec très peu de végétation répartie sur de vastes surfaces, il accueille néanmoins des chameaux de Bactriane, des ânes sauvages et des gazelles qui survivent en parcourant de longues distances à la recherche de nourriture.

Chameau de Bactriane

Les bosses du chameau stockent de la graisse.

◀ LE DÉSERT D'ARABIE

Il est l'image classique du désert, couvert de vastes étendues de dunes de sable qui, dans le Rub al-Khali, dans le sud, ont une superficie égale à celle de la France. Ce désert abrite très peu de vie sauvage. Le sable s'étale sur des couches géologiques gorgées de pétrole qui ont fait la richesse des populations peu nombreuses qui vivent là.

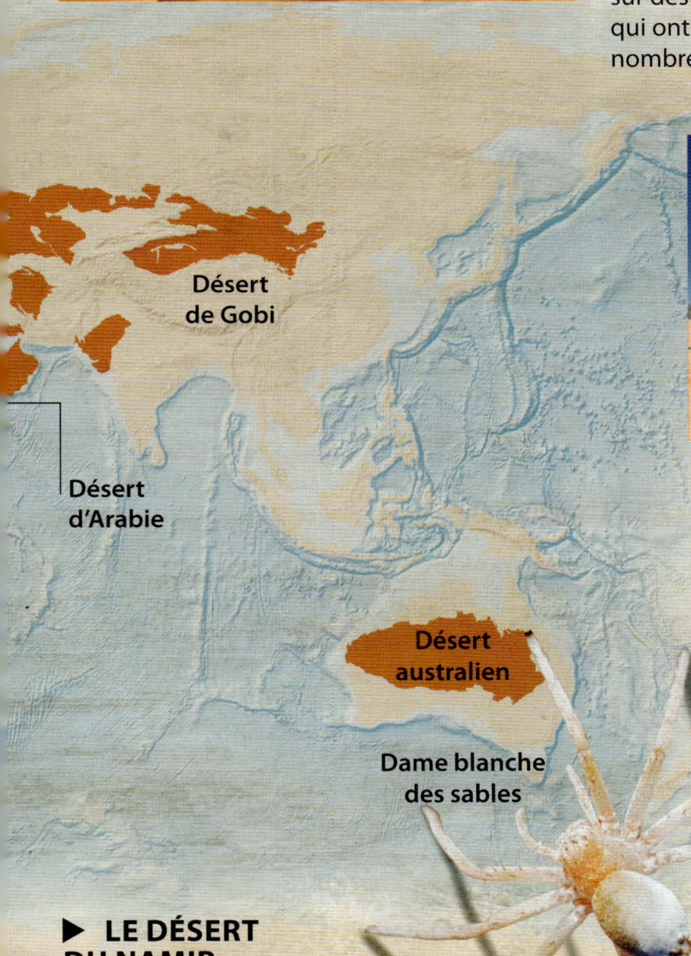

LE DÉSERT DU SAHARA ▲

Le Sahara, qui est de loin le plus grand désert du monde, couvre 9 millions de kilomètres carrés. Il présente d'immenses mers de sable avec des dunes de plus de 300 m de haut et de vastes étendues de graviers et de roches nues. Des oasis, autour des points d'eau isolés, sont couvertes de palmiers et de buissons épineux et fournissent l'eau vitale aux animaux et aux peuples du désert.

Dame blanche des sables

Les dames blanches communiquent en frappant le sol de leurs pattes.

▶ LE DÉSERT DU NAMIB

Le long de la côte atlantique de Namibie, ce désert est l'équivalent africain de celui d'Atacama : un désert côtier créé par les vents dominants soufflant depuis le littoral vers l'océan. L'air froid qui arrive de la mer apporte des brumes qui alimentent en eau les rares plantes et animaux qui parviennent à vivre ici, comme les araignées dames blanches.

Diable cornu

La peau écailleuse empêche le dessèchement.

◀ LE DÉSERT AUSTRALIEN

Environ 40 % de l'Australie sont recouverts par un désert, présentant de vastes étendues de sable rouge et de roches nues ponctuées de buissons épineux. Il est habité par des serpents venimeux, des lézards comme ce diable cornu mangeur de fourmis, des oiseaux migrateurs et des mammifères marsupiaux autochtones dont beaucoup sont devenus rares à cause de la compétition avec les lapins qui ont été introduits.

TERRES CONQUISES
Les champs de tulipes au printemps offrent un fabuleux spectacle près de Lisse, aux Pays-Bas. Ce paysage est totalement artificiel par ses motifs géométriques et parce qu'il a été créé sur des polders, des terrains gagnés sur la mer.

L’impact des hommes

L’agriculture

L’agriculture est apparue au Moyen-Orient, à la fin du paléolithique, vers 9000 av. J.-C. Depuis, elle n’a cessé de se développer et de s’étendre, avec, sur les paysages un impact plus grand que toute autre activité humaine. Elle a éliminé beaucoup de forêts, de prairies et de zones humides pour les transformer en terres de cultures et d’élevage. En agriculture mixte traditionnelle, le bétail est élevé sur les sols pour les fertiliser et diverses plantes y sont cultivées en rotation afin de prévenir l’épuisement de la terre et les maladies. Mais avec les méthodes modernes, on peut faire de l’élevage sans cultiver les sols. L’emploi d’engrais artificiels et de pesticides permet d’obtenir, de façon répétée, des récoltes à fort rendement sur une même terre. Mais on constate aujourd’hui que cette pratique n’est pas sans conséquences sur l’équilibre des sols et de la vie sauvage.

@ Agriculture

2

1

3

❶ LA HACHE ET LE FEU
La forme la plus élémentaire de culture consiste à défricher en abattant les forêts, à brûler le bois pour répandre les cendres riches en éléments minéraux sur le sol, et d’y cultiver des plantes. Lorsque la fertilité du sol décline, le cultivateur s’en va ailleurs. Cette pratique a été utilisée pendant des millénaires et se pratique encore dans les forêts tropicales. Elle peut très bien fonctionner à petite échelle, mais dès qu’elle touche de grandes surfaces, leur défrichage réduit les possibilités de déplacement ultérieur. Le sol s’épuise alors plus vite qu’il ne se renouvelle et se transforme en friches incultes.

❷ L’ÉLEVAGE EXTENSIF
L’un des modes d’élevage les plus simples consiste à laisser le bétail libre de pâturer sur de grandes étendues. Les terrains ne sont pas clôturés et la gestion des animaux se fait souvent à dos de cheval sur de grandes surfaces, comme ici en Équateur. Bien adapté aux milieux de prairie, pour lesquels il présente un intérêt écologique certain, l’élevage extensif se pratique, dans d’autres milieux, au détriment de la forêt, qui est abattue, comme en Amérique du Sud et en Afrique du Sud. Il nécessite parfois l’élimination des prédateurs et des herbivores sauvages et il modifie la nature de la végétation qu’il transforme graduellement en prairie.

❸ L’AGRICULTURE MIXTE
Confiner le bétail dans un champ clôturé permet de s’assurer que ses déjections viendront naturellement en fertiliser le sol. Le champ peut ensuite être mis en culture. Cette technique est indéfiniment renouvelable, surtout si les plantes sont variées et cultivées en rotation – ou assolement – de façon à ne pas puiser toujours dans le sol les mêmes nutriments au même endroit. Certaines sont cultivées pour nourrir le bétail, d’autres pour nourrir l’homme.

❹ LA MONOCULTURE
Les engrais modernes permettent de cultiver le même végétal dans le même champ année après année avec de hauts rendements sans avoir recours au pâturage du bétail. Cela permet de se spécialiser sur le type de récolte le plus profitable : une ferme peut se consacrer exclusivement à la culture du blé, par exemple. Malheureusement, la monoculture est néfaste pour la vie sauvage, en partie parce que les « mauvaises herbes » et les insectes sont éliminés par épandage de pesticides, ce qui a conduit de nombreuses espèces au bord de l’extinction et gorgé les sols de produits chimiques.

❺ LA RIZICULTURE

Certaines formes d'agriculture ont toujours été hautement spécialisées. La culture du riz, qui pousse dans des champs inondés, en fait partie. À Bali (ci-contre), les versants des collines ont été aménagés en terrasses pour contenir des rizières étagées.

Malheureusement, des bactéries dans le sol humide absorbent le carbone des plantes et le transforment en méthane, l'un des gaz à effet de serre. De ce fait, la riziculture est responsable de plus de 10 % des rejets de méthane dans l'atmosphère.

❻ LES DÉSERTS VERTS

La technologie moderne permet de cultiver même au cœur des déserts arides en y apportant l'eau qui est déversée par d'immenses systèmes d'irrigation.

Ces appareils se déplacent lentement au sol, créant des rectangles de vertes récoltes, voire des cercles si leur mouvement est rotatif. Mais sous ces climats chauds, l'évaporation très forte provoque l'accumulation de sels dans la terre, qui ne peut donc être cultivée indéfiniment. Elle finit par devenir trop salée pour permettre la moindre culture.

4

5

6

L'industrie minière

Durant des millénaires, l'homme a extrait du sol des métaux natifs tels que l'or, l'argent et le cuivre pour en faire des outils, des armes et des ornements. Puis il découvrit que porter à haute température du minerai dans un four permettait de séparer le métal pur. Cela conduisit à la généralisation de l'emploi de matériaux comme le fer. D'autres minéraux, tels le silex, les pierres de construction et les pierres précieuses, ont aussi fait l'objet d'extractions depuis la préhistoire. Depuis le XIXe siècle, ce fut le tour des carburants fossiles : charbon, pétrole et gaz naturel. Les trois grandes techniques d'extraction sont la taille en carrière, la mine et le forage.

❶ LA PIERRE DE TAILLE

La pierre de construction a toujours été une ressource de valeur. Jadis dégagée et taillée à l'aide d'outils manuels, elle est aujourd'hui extraite à l'aide de charges explosives judicieusement disposées ou bien tranchée par des machines. La pierre extraite sur cette photo en Italie, est l'une des plus fines : du marbre de Carrare. Celui-ci est employé depuis les Romains pour les ornementations de prestige, et les sculpteurs comme Michel-Ange l'ont beaucoup utilisé.

❹ L'ORPAILLAGE

Le fait que l'or existe naturellement sous sa forme native permet de l'extraire à l'aide de méthodes très simples, telles l'orpaillage à la bâtée. Elle consiste à faire passer de l'eau en un mouvement rotatif sur des sédiments aurifères afin d'emporter les particules les plus légères, l'or plus lourd restant au fond du récipient. L'or est toutefois si rare qu'il faut des jours de travail à ces orpailleurs vietnamiens pour récolter quelques minces pépites du précieux métal.

❷ UNE MINE À CIEL OUVERT

Là où les minéraux se trouvent près de la surface, ils peuvent être extraits simplement en creusant un grand trou, c'est-à-dire une mine à ciel ouvert. La mine de Bingham Canyon (ci-contre), dans l'Utah, est en exploitation depuis 1908. Elle est aujourd'hui le plus grand trou artificiel de la Terre. Il est profond de 1 200 m et large de 4 km.

❸ L'EXTRACTION HYDRAULIQUE

Les métaux lourds comme l'or peuvent aussi être extraits des sédiments mous à l'aide de jets d'eau à haute pression. Le principe est similaire à l'orpaillage à la bâtée, mais permet de traiter des volumes bien plus importants. Les sédiments sont lessivés à travers d'énormes canaux à vannes qui retiennent le métal tandis que les débris sans valeur sont emportés par le courant. Ce procédé est toutefois extrêmement destructeur, détruisant des collines entières et polluant les rivières.

5 UNE MINE D'ÉMERAUDES

La plupart des activités minières sont conduites à l'échelle industrielle à l'aide de grosses machines coûteuses. Mais dans certaines parties du monde, l'or et les pierres précieuses sont encore extraits en partie au moins, par un travail manuel. À la mine d'émeraudes de Muzo (ci-dessous), en Colombie, Amérique du Sud, un jour par mois est réservé aux ouvriers pour leur permettre de tenter leur propre chance à l'aide de simples pioches ou à mains nues, dans l'espoir de déterrer la fortune en pierres précieuses.

8 DANS LES GRAVIÈRES ET LES SABLIÈRES

Les travaux d'extraction ne concernent pas tous des minéraux de valeur. Parmi les matériaux de première importance économique, figurent le sable et le gravier, qui sont essentiels à l'industrie de la construction parce qu'ils entrent dans la fabrication du béton. Ils sont extraits de vastes carrières. Le gravier est aussi récolté sur les fonds marins à l'aide de grosses dragues. Certaines formes particulièrement pures de sable de quartz servent pour fabriquer le verre, et les argiles fines sont extraites pour être utilisées en céramique et dans la fabrication du papier.

6 LES MINES DE CHARBON

Le mode d'extraction le plus dangereux et le plus coûteux est la mine. Il consiste à creuser des puits et de longues galeries dans la roche pour aller extraire le minerai loin sous la surface. Le charbon est principalement extrait de cette manière à l'aide de machines comme celle-ci (ci-contre). Les mines doivent être drainées, ventilées et refroidies pour abaisser les hautes températures qui règnent à grande profondeur.

6

7 LE FORAGE PÉTROLIER

Le pétrole brut est un liquide assez léger qui se stocke dans des sédiments poreux sous des couches imperméables. Les réservoirs souterrains sont souvent surmontés d'une nappe de gaz naturel. Les deux peuvent être extraits par forage à travers la roche, mais leur localisation n'est pas aisée. Beaucoup se trouvent sous des mers peu profondes, et sont exploités par des plateformes offshore comme celle ci-contre.

L'industrie et les transports

Si, à l'instar de l'agriculture et de l'exploitation minière, l'industrie et les transports ont eu des conséquences majeures sur les paysages, ils en ont eu bien plus encore sur la vie des hommes. Les produits de l'industrie sont aujourd'hui utilisés quotidiennement dans le monde entier et la plupart des pays disposent de réseaux de transport qui permettent, à la fois, la distribution de ces produits et le déplacement des hommes. Associés aux réseaux de communication, de distribution d'énergie, d'eau et de drainage, ils forment l'infrastructure d'une civilisation, toutes choses qui nous semblent aujourd'hui acquises dans les pays développés. Les villes modernes – et la vie moderne – ne pourraient exister sans cela.

◀ L'ÉNERGIE
L'industrie, les habitations et certains modes de transport sont dépendants de la fourniture d'électricité. Une partie est générée par l'énergie éolienne, solaire et celle de l'eau en mouvement. Une part importante est fournie par des réacteurs nucléaires. L'essentiel, toutefois, est produit par la combustion de gaz et de charbon, consommés en grande quantité. Une centrale à charbon classique en brûle chaque jour l'équivalent de la charge d'une centaine de gros poids lourds.

◀ PAR LA MER
Le transport maritime est l'un des modes de transport les plus anciens et reste l'un des plus rentables pour les charges lourdes. Jadis, les navires étaient chargés sur les quais des ports mais de nos jours, nombre de cargaisons sont mises en conteneurs par l'usine de production et envoyées par rail ou camion vers les terminaux portuaires. Là, elles sont empilées sur des navires porte-conteneurs comme celui-ci, qui peuvent en embarquer jusqu'à 7 500.

▲ PAR LA ROUTE
Une grande partie des marchandises qui étaient jadis transportées par le rail le sont aujourd'hui par la route, souvent par de gros poids lourds comme celui-ci. Ce choix offre un emploi moins rentable du carburant que le train mais il a l'avantage de permettre la livraison directement à destination plutôt qu'à un terminal ferré parfois très distant du destinataire. Toutefois, le poids de ces véhicules est énorme, ce qui augmente les coûts de maintenance des routes et autoroutes.

PAR LE RAIL ▶
Au milieu du XIXe siècle, les voies ferrées sont devenues des artères vitales pour le commerce. Elles restent, de nos jours, de première importance pour le transport terrestre de charges comme ces conteneurs dont chacun équivaut à la cargaison d'un poids lourd. La régularité topographique des voies ferrées permet le déplacement de charges très lourdes à moindre dépense d'énergie. Mais leur construction est coûteuse.

@ Transport

▼ RÉSEAUX ROUTIERS

Tous les pays développés sont aujourd'hui équipés de réseaux autoroutiers complexes en plus des réseaux routiers locaux. C'est le développement de l'automobile individuelle qui a sous-tendu leur extension. Mais la congestion du trafic et la pollution deviennent aujourd'hui de graves problèmes, et la voiture pourrait bientôt perdre de son attrait.

LES TRANSPORTS URBAINS ▶

De nombreuses grandes villes sont équipées de réseaux rapides de transport intra-urbain qui permettent aux passagers de circuler facilement sans recourir à leur voiture. Ce sont notamment les tramways (ci-contre) et les métros. Ces deux types d'appareils fonctionnent à l'électricité et empruntent des voies métalliques, ce qui réduit leur consommation. Avec l'augmentation des coûts de l'énergie, ils risquent de jouer un rôle de plus en plus important dans le futur.

▲ PAR LES AIRS

Le transport aérien, que ce soit pour les affaires ou les loisirs, fait aujourd'hui partie de la vie normale de nombreuses personnes, notamment dans les pays très étendus comme les États-Unis où les grandes villes sont très distantes les unes des autres. Les aéroports ont toutefois un gros impact environnemental en termes d'emprise, de bruit et de pollution. Il s'agit de problèmes que les progrès de l'aéronautique ne résolvent, pour l'heure, que très imparfaitement. Le développement du tourisme aérien a également de profonds effets sur de nombreuses destinations, transformant les communautés côtières en stations balnéaires et bouleversant souvent les modes de vie traditionnels.

Les villes

Ville

Il y a quelque 7000 ans, le développement de l'agriculture dans l'ancienne Mésopotamie – aujourd'hui l'Irak – a permis de produire un surplus de richesses qui favorisa de développement des premières villes. Depuis, la vie urbaine n'a cessé de se répandre dans le monde mais jusqu'à une époque récente, il s'agissait essentiellement de petites communautés. De nos jours, plus de la moitié de la population mondiale vit dans les villes. Certaines ont acquis des dimensions colossales. Autour des cités historiques originelles se sont développées des extensions urbaines nouvelles dont beaucoup se sont étendues aussi vers le haut avec l'architecture moderne.

1 TINERHIR
L'ancienne ville de Tinerhir, au Maroc, est très semblable aux premières cités, avec des maisons de briques de boue séparées par de petites rues étroites au lieu de larges artères prévues pour le passage de véhicules. La ville est située entre deux oasis qui fournissent l'eau essentielle. Elle est entourée de cultures et d'oliveraies qui, jusqu'à une date récente, constituaient la principale richesse de la ville.

1

2

2 ATHÈNES
L'idée de la ville comme centre de la civilisation est née dans les cités-États grecques comme Athènes il y a environ 2500 ans. On attribue très largement aux politiciens d'Athènes l'invention de la démocratie moderne. De nombreux monuments de cette ère sont parvenus jusqu'à nous, comme le Parthénon que l'on voit ici, construit vers 440 av. J.-C., qui domine encore la ville.

3 LE MACHU PICCHU
Cette cité spectaculaire a été construite par les Incas vers 1460. Bien que située en altitude dans les Andes, elle disposait de bonnes sources et d'assez de cultures en terrasses pour nourrir toute la population qui y vivait. Elle a été abandonnée environ un siècle après sa construction, probablement à cause d'une épidémie. Elle est aujourd'hui en ruine.

4 CARCASSONNE
Jadis, de nombreuses villes étaient fortifiées pour les protéger des invasions. Carcassonne, dans le sud de la France, a conservé sa double ceinture de remparts. Après 1200, la cité s'est étendue au-delà des fortifications, mais la ville basse fut détruite en 1355 par l'armée anglaise du Prince noir, démontrant ainsi l'intérêt des remparts.

5 VENISE
Les cités les plus florissantes se sont bâties sur des richesses acquises grâce au commerce. Au cours du Moyen Âge, les échanges avec l'Orient apportèrent la prospérité à Venise, une ville construite sur 118 îles dans une lagune peu profonde du nord de l'Italie. Ses nombreux palais et églises, qui semblent posés sur l'eau des canaux qui la parcourent, en font l'une des plus belles villes du monde.

6 PARIS
Construites par ajouts successifs au cours du temps, les villes anciennes sont souvent faites de rues étroites et sinueuses et de constructions très diverses. Au XIXe siècle, une grande partie de la ville de Paris fut reconstruite sur la base d'un plan totalement nouveau dû au baron Haussmann, reposant sur un réseau géométrique de larges avenues. Les villes modernes sont bâties sur le même modèle, agrémentées de larges espaces verts et desservies par un système de circulation pour le trafic à grande vitesse.

7 TOKYO
Avec ses voisines Yokohama, Kawasaki et Chiba, Tokyo constitue la plus grande ville du monde, comptant plus de 30 millions d'habitants. Détruite en 1923 par un tremblement de terre, elle a été reconstruite en hauteur, sur le modèle typique des grandes villes des pays riches. Les grandes tours à ossature métallique résistent mieux aux séismes que les bâtiments en maçonnerie traditionnels.

8 BIDONVILLES
Les villes attirent les gens à la recherche de travail. Mais beaucoup n'ont pas les moyens de vivre dans les centres urbains et dans certains pays, les grandes villes sont cernées de bidonvilles où s'entassent les travailleurs pauvres et leurs familles. Dépourvus de réseau sanitaire, ces quartiers connaissent souvent la maladie.

5

6

L'environnement et sa protection

Au cours des 100 dernières années, la population mondiale est passée de 1,5 milliard à plus de 6 milliards de personnes. Toutes doivent pouvoir habiter quelque part et se nourrir à leur faim. Elles consomment aussi de l'énergie et la plupart aspirent aux bienfaits de la technologie moderne. Sous cette pression, de vastes régions jadis sauvages ont été construites ou converties en terres agricoles. Chaque jour, des quantités énormes de charbon, de pétrole et de gaz sont brûlées et des quantités tout aussi énormes de déchets et de pollution sont générées. Les espèces sauvages et la stabilité du climat sont menacées et notre avenir dépend des solutions que nous apporterons à ces problèmes.

❶ LA POLLUTION INDUSTRIELLE

Les usines et les centrales énergétiques du monde industrialisé émettent chaque jour dans l'atmosphère des gaz polluants. Il s'agit essentiellement de dioxyde de carbone et d'oxyde d'azote, qui provoquent le réchauffement global. On y trouve aussi du dioxyde de soufre, qui se combine avec la vapeur d'eau atmosphérique pour provoquer les pluies acides, ainsi que des particules de suie dangereuses pour les voies respiratoires.

❷ LES REJETS DES TRANSPORTS

De nombreux modes de transport, en particulier par la route et l'air, reposent sur la combustion d'hydrocarbures dérivés du pétrole. Ceux-ci émettent de grandes quantités de gaz d'échappement, notamment du dioxyde de carbone. Les automobiles modernes sont étudiées pour réduire ces rejets, mais leur nombre en service sur les routes ne cesse d'augmenter chaque année. Les émissions des avions en haute altitude ont un impact particulièrement important.

❸ LES ORDURES

Jusqu'au milieu du XXe siècle, la plupart des ordures produites par l'homme étaient naturellement dégradables. Ce n'est plus le cas aujourd'hui, surtout à cause du développement des plastiques, et nombre de pays font face au problème du traitement des déchets. La ville de Paris produit à elle seule 3 300 tonnes d'ordures par jour.

❹ DES RIVIÈRES CONTAMINÉES

L'eau douce et propre est une ressource vitale, mais dans le monde entier, les cours d'eau sont aujourd'hui pollués par les rejets industriels et ceux des égouts. Ceux-ci risquent d'intoxiquer les espèces sauvages et de provoquer des maladies graves telles que le choléra. Les engrais drainés des terres agricoles par les eaux de ruissellement se retrouvent aussi dans les rivières et perturbent les équilibres naturels. La déforestation favorise l'érosion des sols lors des fortes pluies et les boues aboutissent dans les rivières qu'elles engorgent.

❺ LA POLLUTION DES OCÉANS

Bien qu'immenses, les océans sont eux aussi touchés par la pollution. Les marées noires sont destructrices et mortelles pour les animaux sauvages comme ce manchot. Les sacs en plastique dérivants tuent de nombreux phoques, tortues et oiseaux de mer. Le bruit des moteurs et des sonars des bateaux est soupçonné de perturber le sens de l'orientation des cétacés qui viennent s'échouer et mourir sur les plages.

❻ LA DÉFORESTATION

Au cours des cinquante dernières années, un tiers des forêts pluviales dans le monde a été abattu et brûlé et la déforestation ne cesse d'augmenter. Elle entraîne la destruction de l'un des habitats les plus riches de la planète, et fait peser sur des milliers d'espèces de plantes et d'animaux la menace d'extinction. En outre, elle rejette dans l'atmosphère de grandes quantités de dioxyde de carbone provenant de la combustion du bois, contribuant ainsi au réchauffement climatique.

❼ LE RÉCHAUFFEMENT CLIMATIQUE

La pollution de l'atmosphère par le dioxyde de carbone et les autres gaz à effet de serre entraîne un réchauffement global, en d'autres termes, une augmentation de la température moyenne à l'échelle planétaire. La glace polaire fond ; vers 2050 – voire plus tôt – il se pourrait qu'il n'y ait plus de banquise au pôle Nord en été. Les ours polaires pourraient s'éteindre et, si les calottes polaires sont elles aussi touchées, le niveau de la mer pourrait, à terme, s'élever de 25 m, submergeant de nombreuses villes côtières dans le monde.

❽ LA NÉCESSITÉ DE SAUVEGARDE

La survie de l'humanité dépend des grands réseaux vivants pour la production de sa nourriture et l'équilibre de l'atmosphère. Nous pouvons, aujourd'hui, prendre des mesures pour assurer son avenir en protégeant la vie et les milieux sauvages, et travailler à atténuer le réchauffement climatique. La protection peut générer des revenus touristiques pour des pays possédant encore une faune spectaculaire et des milieux très riches, comme le Kenya.

❾ LES ÉCONOMIES D'ÉNERGIE

Les habitants du monde industrialisé consomment chaque jour beaucoup d'énergie, dont la majeure partie est produite par des méthodes polluantes qui participent au réchauffement climatique. Nous pouvons réduire notre consommation en construisant des habitations moins gourmandes en énergie et, au contraire, susceptibles d'en produire de manière écologique. Ces habitations « zéro carbone » à Londres, en Grande-Bretagne, sont conçues pour générer l'énergie dont elles ont besoin à partir de sources comme les panneaux solaires.

❿ EN PENSANT À L'AVENIR

Nombre de problèmes environnementaux sont nés de l'emploi de ressources rares pour produire des biens jetables, et de la consommation à outrance d'énergie pour transporter des denrées autour du monde. De plus en plus de gens essaient aujourd'hui de réutiliser et de recycler les produits, et d'acheter localement sur des marchés comme celui-ci.

@ Environnement

6

7

8

9

10

Glossaire

ACCRÉTION
Processus par lequel de petites particules se rassemblent pour former peu à peu des corps plus gros, pouvant aller jusqu'à des astéroïdes et des planètes.

AFFLUENT
Cours d'eau se jetant dans un cours d'eau plus grand dont il vient grossir les eaux. Se dit aussi d'un petit glacier qui débouche dans un autre.

ALLIAGE
Mélange artificiel de deux métaux ou plus.

AMPHIBIENS
Classe d'animaux vertébrés qui vivent à terre et respirent de l'air mais se reproduisent dans l'eau. Elle réunit les grenouilles, tritons et salamandres.

ANTICYCLONE
Système climatique de haute pression dans lequel de l'air froid descendant empêche la formation des nuages.

ASTÉROÏDE
Corps céleste rocheux de taille relativement petite et de forme irrégulière (non sphérique) en orbite autour du Soleil.

ATMOSPHÈRE
Couche de gaz enveloppant la Terre, retenue par sa gravité.

ATOME
Plus petite partie d'un élément chimique, tel que l'oxygène ou le fer. Un atome est constitué d'un noyau fait de protons et de neutrons rassemblés, autour duquel gravitent des électrons. Les substances composées, telles que l'eau, sont faites des atomes de plusieurs éléments différents.

BACTÉRIE
Organisme microscopique unicellulaire et dépourvu de noyau.

BIOSPHÈRE
Ensemble de tous les réseaux vivants existant à la surface de la planète.

CALCAIRE
Roche composée de calcite, facilement dissoute par les acides, même faibles tels que l'eau de pluie. La plupart des calcaires sont formés des squelettes et coquilles d'anciens organismes marins.

CALDEIRA
Cratère géant formé par l'effondrement d'un cône volcanique dans sa chambre magmatique après que celle-ci se soit vidée lors d'une éruption.

CHAROGNARD
Animal se nourrissant des restes d'animaux morts et d'autres débris.

CIRQUE GLACIAIRE
En haute montagne, dépression circulaire creusée en altitude par la glace au point de départ d'un glacier.

CLIMAT
Conditions météorologiques moyennes, ainsi que leur cycle saisonnier typique, régnant dans une région.

CLIMAT OCÉANIQUE
Climat fortement influencé par la proximité d'un océan, connaissant généralement des hivers doux, des étés frais et des pluies régulières toute l'année.

COMÈTE
Corps céleste composé de glace et de poussières en orbite autour du Soleil. Certaines s'approchent du Soleil à intervalle régulier. Le rayonnement de ce dernier provoque alors l'apparition de deux longues queues, l'une de gaz, l'autre de poussières.

COMPOSÉ
Substance constituée de deux éléments ou plus, associés par une réaction chimique qui lie entre eux leurs atomes.

CONDENSATION
Passage de l'état gazeux à l'état liquide.

CONVECTION
Mouvement vers le haut provoqué par une élévation locale de la température dans les gaz et les liquides comme l'air et l'eau, et même dans des roches en fusion.

CRISTAL
Structure figée pouvant se former lorsqu'un liquide passe à l'état solide et dont la forme extérieure est déterminée par la disposition de ses atomes entre eux.

CYANOBACTÉRIES
Groupe de bactéries effectuant la photosynthèse, c'est-à-dire utilisant l'énergie solaire pour fabriquer des glucides à partir de l'eau et du dioxyde de carbone, en rejetant de l'oxygène.

CYCLONE
Système climatique porteur de nuages, de pluie et de vents tourbillonnants puissants, provoqué par une colonne d'air chaud et humide ascendant.

DÉPRESSION
Synonyme de cyclone.

DIOXYDE DE CARBONE
Gaz, aussi appelé gaz carbonique, formant une très petite fraction de l'atmosphère terrestre. Les végétaux verts l'utilisent pour synthétiser des glucides.

ÉCOSYSTÈME
Communauté d'êtres vivants en interaction dans leur milieu naturel.

EFFET DE SERRE
Phénomène d'élévation de température dû au fait que certains gaz de l'atmosphère retiennent la chaleur émise par la Terre au lieu de la laisser s'évacuer dans l'espace.

ÉLÉMENT CHIMIQUE
Substance composée d'un seul type d'atome dont la structure lui est propre. L'oxygène, l'hydrogène, le fer, le mercure sont des exemples d'éléments chimiques.

ENGRAIS
Mélange nutritif utilisé pour favoriser la pousse des plantes.

ÉROSION
Terme désignant généralement l'usure des roches sous l'effet des agents naturels et climatiques : l'eau et l'air en mouvement, le gel, etc.

ÉVAPORATION
Passage de l'état liquide à l'état gazeux (ou de vapeur).

ÉVAPORITE
Matériau solide tel que le sel résultant d'une cristallisation après évaporation de l'eau dans laquelle il était initialement dissous.

FAILLE
Fracture dans la roche le long de laquelle un déplacement s'effectue entre les deux bords l'un par rapport à l'autre.

FAILLE TRANSFORMANTE
Frontière entre deux plaques de la croûte terrestre où celles-ci coulissent latéralement l'une contre l'autre.

FJORD
Profonde vallée côtière creusée par l'érosion due à un ancien glacier et aujourd'hui envahie par la mer.

FOSSILE
Vestiges d'un être vivant ayant été préservés dans un sol sédimentaire, généralement après s'être transformés en minéraux.

FUSION NUCLÉAIRE
Union des atomes de deux éléments distincts en un nouvel atome d'un élément plus lourd.

GALAXIE
Immense rassemblement de milliards d'étoiles dans l'espace, souvent de forme circulaire, autour d'un renflement central.

GLACIER
Masse de glace formée à partir de neige compactée et qui s'écoule lentement vers le bas des pentes.

GLUCIDE
Groupe de substances aussi appelées sucres ou hydrates de carbone, dont font partie le glucose et l'amidon, par exemple. Constitués d'atomes de carbone, d'hydrogène et d'oxygène, les glucides sont synthétisés par les végétaux verts et consommés par les organismes vivants auxquels ils apportent de l'énergie lorsqu'ils sont dégradés chimiquement.

GRAVITÉ
Force d'attraction des objets dans l'espace, d'autant plus forte que les objets sont massifs.

IGNÉE
Qualifie une roche formée par refroidissement de magma en fusion ou de lave volcanique. La plupart des roches ignées sont composées de cristaux imbriqués et sont très dures.

LATITUDES MOYENNES
Régions du monde situées à mi-chemin entre les pôles et les tropiques, au climat tempéré et saisonnier.

LAVE
Nom donné à la roche fondue après qu'elle a jailli d'un volcan.

MAGMA
Nom donné à la roche en fusion sous la croûte terrestre.

MANTEAU
Épaisse couche de roche située entre la croûte et le noyau terrestres, formant 84 % du volume de la planète.

MATIÈRE ORGANIQUE
Chimiquement, désigne une substance dont l'un des principaux composants est l'élément carbone. Biologiquement, désigne de la matière vivante ou l'ayant été.

MÉTAMORPHISME
En géologie, processus par lequel une roche se transforme en une autre sous l'effet d'une chaleur ou d'une pression intense, souvent des deux à la fois.

MÉTÉORE
Fragment de roche plongeant dans l'atmosphère terrestre où il se consume en formant un bref trait de lumière dans le ciel, aussi appelé « étoile filante ».

MÉTÉORITE
Débris de roche spatiale ayant survécu à sa traversée de l'atmosphère lors de sa chute sur Terre et tombé au sol.

MINÉRAL
Matière solide naturelle présente dans le sol, composée d'un ou plusieurs éléments chimiques dans des proportions données et présentant généralement une structure cristalline.

MOLÉCULE
Plus petite partie d'un composé chimique pouvant exister sans dissocier ce composé en atomes des éléments qui le composent. Chaque molécule est constituée des atomes de ces éléments.

MORAINE
Masse de débris rocheux charriés par un glacier entassés sur ses côtés ou à son extrémité.

MOUSSON
Inversion saisonnière des vents qui affecte le temps, en particulier dans les régions tropicales où elle crée une saison sèche et une saison des pluies.

NOMADE
Qualifie les espèces ou populations se déplaçant sans cesse à la recherche de nourriture ou autres ressources mais sans routes établies.

NUTRIMENT
Substance nutritive absorbée par les êtres vivants pour construire leurs tissus.

ORBITE
Trajectoire suivie dans l'espace par un corps gravitant autour d'un corps plus gros, comme le Soleil.

ORGANISME
Synonyme d'être vivant.

PERMAFROST
Sol gelé en permanence en profondeur recouvrant de vastes surfaces dans l'Arctique.

PESTICIDE
Produit chimique destiné à tuer les insectes, les champignons ou les plantes indésirables dans les cultures.

PHOTOSYNTHÈSE
Procédé par lequel les végétaux verts utilisent l'énergie de la lumière solaire pour fabriquer (synthétiser) des glucides à partir du dioxyde de carbone et de l'eau, en rejetant de l'oxygène.

PHYTOPLANCTON
Organismes microscopiques unicellulaires dérivant en masse dans l'eau et fabriquant leur nourriture par photosynthèse, comme les plantes.

PLATEAU
Vaste surface plate située en altitude.

PNEUMATOPHORE
Excroissance aérienne des racines de certaines espèces d'arbres implantés en zone humide. Émergeant souvent de l'eau, elle a pour fonctions d'apporter de l'oxygène puisé dans l'air aux racines immergées, et de contribuer à l'enracinement.

POINT CHAUD
Zone d'activité volcanique due à une remontée localisée et fixe de magma en fusion, dans le manteau, sous la croûte terrestre. Lorsque la croûte est en mouvement, le point chaud donne naissance à des chaînes de volcans.

POLLUTION
Épandage ou émission volontaire, involontaire ou accidentel, de corps ou de substances d'origine artificielle dans l'environnement naturel et qui en perturbent l'équilibre.

PRÉDATEUR
Animal qui chasse et dévore d'autres animaux, ses proies, pour s'alimenter.

PROTISTES
Ensemble d'organismes aquatiques ou terrestres dont beaucoup sont unicellulaires, mais dont la cellule est complexe, dotée d'un noyau et de structures internes. On y range des organismes d'origines assez disparates, certains s'apparentant aux végétaux, d'autres aux champignons ou aux animaux. Constituant jadis l'un des grands règnes de la vie, il n'est plus utilisé en classification moderne et est donc très discuté par les spécialistes.

RIFT
Fracture provoquée dans une roche ou dans la croûte terrestre par deux plaques qui s'écartent.

ROCHE SÉDIMENTAIRE
Roche formée par compression et durcissement de sables, de boues ou d'autres sédiments.

SÉDIMENT
Accumulation de particules solides (pierres, graviers, sable, boue) transportées par l'eau, le vent, la glace ou la gravité, et qui se sont déposées, généralement en couches.

SILICE
Composé de silicium et d'oxygène, constituant important de la plupart des roches, et principal ingrédient du verre.

SOURCE HYDROTHERMALE
Éruption d'eau très chaude et très riche en minéraux dissous, sur le plancher océanique, dans les zones d'activité volcanique des dorsales médio-océaniques.

STRATE
Couche de roche sédimentaire.

TECTONIQUE DES PLAQUES
Phénomène dynamique par lequel les grandes plaques formant la croûte terrestre se déplacent constamment les unes par rapport aux autres.

TOUNDRA
Terre froide, sans arbres, à végétation très basse dominée par les lichens, qui s'étend sur les terres arctiques tout autour de la zone des glaces.

TOURBE
Matière formée par les vestiges tassés de plantes incomplètement décomposées dans un sol marécageux où l'eau empêche la présence d'oxygène nécessaire à la décomposition.

TROPOSPHÈRE
Couche inférieure de l'atmosphère terrestre.

TSUNAMI
Énorme vague océanique, rapide et puissante, générée par un séisme sous-marin ou l'effondrement d'un volcan océanique.

ULTRAVIOLETS
Rayons lumineux de haute fréquence invisibles pour l'homme mais que certains animaux, comme les insectes, peuvent voir. Reçus en trop grande quantité, ils endommagent les tissus vivants et peuvent provoquer des cancers.

VALLÉE DE RIFT
Région où une partie de la croûte terrestre s'est effondrée dans la fracture formée par l'écartement de deux plaques tectoniques.

VAPEUR D'EAU
Gaz invisible se formant lorsque les molécules d'eau très excitées par la chaleur se détachent et s'échappent dans l'air.

VISQUEUX
Qualifie un fluide épais et collant et qui s'écoule difficilement.

ZONE DE SUBDUCTION
Région où une plaque de la croûte océanique plonge sous une autre, donnant naissance à une fosse océanique, provoquant des séismes et générant des roches fondues qui ressortent par des volcans.

ZOOPLANCTON
Animaux de très petite taille dérivant en masse dans l'eau en compagnie du phytoplancton. Ils sont emportés par les courants mais certains peuvent avoir une nage active.

Index

NO

P

QR

S

T

UV

WZ

Remerciements

L'éditeur souhaite remercier : Kieran Macdonald pour la relecture des épreuves, Chris Bernstein pour la préparation de l'index, Fran Vargo pour la recherche de photographies additionnelles, Dave King pour la photographie, Richard Ferguson pour l'ingénierie papier et Simon Mumford pour la cartographie.

Les éditeurs adressent également leurs remerciements aux personnes et/ou organismes cités ci-dessous pour aimable autorisation à reproduire les photographies :

Légende : a = au-dessus ; b = bas/en-dessous ; c = centre ; x = extrême ; g = gauche ; d = droite ; h = haut

4 Corbis : Yann Arthus-Bertrand (d) ; zefa/Frank Krahmer (bg). Landov : UPI Photo (hg). **5** Corbis : Yann Arthus-Bertrand (g) ; epa/Ed Oudenaarden (d). **6-7** Landov : UPI Photo. **8-9** NASA : JPL-Caltech. **10** Corbis : Denis Scott (d). NASA : JPL (cg) (cd). Science Photo Library : Californian Association for Research in Astronomy (g). **10-11** NASA : SOHO (c). **11** NASA : JPL (cg) (cd) (d) ; USGS (g). 12 NASA : JPL (bc) (bd) (hd). Science Photo Library : Royal Observatory, Edinburgh/AAO (g). **12-13** Corbis : Jonathan Blair. **13** NASA : Hubble Space Telescope (hd). The Natural History Museum, Londres : (bc) (bd). Science Photo Library : Manfred Kage (cd) ; Walter Pacholka/Astropics (hg). **14** Corbis : Bettmann (hc). NASA : (bg) (bd). Science Photo Library : RIA Novosti (hg). **14-15** NASA. **15** Corbis. NASA : (bg) (bc) (1/c) (2/c) (3/c) (4/c). Science Photo Library : John Sanford (h). **16** iStockphoto.com : Claude Dagenais (bg) ; Snezana Negovanovic (b). Science Photo Library : Bonnier Publications/Henning Dalhoff (hd) ; Mark Garlick (bc). **16-17** iStockphoto.com : Branko Miokovic. **17** iStockphoto.com : Nicholas Belton (hd) ; Onur Döngel (ca) ; Alisa Foytik (bd) ; Igor Terekhov (bg). Science Photo Library : Mark Garlick (c). **18** iStockphoto.com : Angelo Gilardelli (b/arrière-plan) ; Linda Steward (b). NASA : (h). The Natural History Museum, Londres : (cd). Photolibrary : Animals Animals/Breck P. Kent (c). Science Photo Library : Joyce Photographics (cg). **19** DK Images : © Satellite Imagemap Copyright 1996-2003 Planetary Visions (hc). **21** iStockphoto.com : Jon Helgason (h). **23** Alamy Images : Lyroky (h). **24** Corbis : Gallo Images/Roger De La Harpe (bg) ; Didrik Johnck ; NASA (cg). FLPA : Terry Whittaker (bd). **25** Alamy Images : Ian Paterson (c). Photolibrary : Imagestate/Randa Bishop (cg) ; Stefan Mokrzecki (b). **26** James Jackson, Department of Earth Sciences, University of Cambridge : (h). Marli Miller / Department of Geological Sciences, University of Oregon : (bd). Science Photo Library : W.K. Fletcher (cg). **26-27** Getty Images : AFP. **27** Alamy Images : Images of Africa Photobank/David Keith Jones (hg). FLPA : Imagebroker/Konrad Wothe (hd). Science Photo Library : Dr Ken MacDonald (b). **28** Corbis : Comet/Lloyd Cluff (bg). Science Photo Library : Gary Hincks (cd). **28-29** iStockphoto.com : Beacon Hill Photography. **29** Corbis : George Hall (hd) ; Lucid Images/Mark Downey (hg) ; Sygma/Xinhua (bd) ; Michael S. Yamashita (bg). **30** Alamy Images : Mark Lewis (h). DK Images : Andy Crawford/Donks Models - modelmaker (bd). iStockphoto.com : Floortje (bg). Science Photo Library : US Geological Survey (cd). **30-31** iStockphoto.com : MBPhoto. **31** Alamy Images : Roger Coulam (cdb) ; Zach Holmes (c). Getty Images : Science Faction/G. Brad Lewis (bc). NASA : Aster (h). **32** Alamy Images : INTERFOTO Pressebildagentur (cd). Getty Images : Photographer's Choice/Francesco Ruggeri (b) ; Stone/G. Brad Lewis (cg). **32-33** Science Photo Library : Stephen & Donna O'Meara. **33** Corbis : Comet/Gary Braasch (cg) ; NASA/Roger Ressmeyer (bd) ; Sean Sexton Collection (cd) ; Sygma/Pierre Vauthey (c). **34** Alamy Images : David Muenker (bg) ; WoodyStock (hd). Corbis : Frans Lanting (bd). **35** Alamy Images : James Kubrick (hd) ; David Muenker (hg). Corbis : Ralph White (bd). Photolibrary : age fotostock/Juan Carlos Munoz (bg). **36-37** Corbis : zefa/Frank Krahmer. **38** Alamy Images : Jack Clark Collection/Phil Degginger (3). The Natural History Museum, Londres : (6). **39** Alamy Images : GC Minerals (7). Dreamstime.com : Lightprints (hg). The Natural History Museum, Londres : (8) (9). Science Photo Library : Mark. A. Schneider (10). **40** Alamy Images : WILDLIFE GmbH (10/h). Corbis : Visuals Unlimited (8/g). Dreamstime.com : Araminta (1/d) ; Egis (4/g) ; Elnur (9/b) ; Fordphotouk (5/b) ; Galdzer (2/d) ; Holligan78 (8/d) ; Mhryciw (3/g) ; Ptaxa (6/b). The Natural History Museum, Londres : (4/d). Science Photo Library : Jean-Claude Revy, ISM (1/g) ; Ben Johnson (2/g) (3/d) (6/h). **40-41** Alamy Images : Mira. **41** Corbis : Visuals Unlimited (11/g). Dreamstime.com : Bernjuer (7/g) ; Brent Hathaway (11/d). Science Photo Library : Arnold Fisher (7/d). **42-43** Alamy Images : Hemis/Emilio Suetone. **44** Alamy Images : David Muenker (bg). Photolibrary : Imagestate/Gavin Hellier (cd). **44-45** www.dinodia.com : (h). **45** Graeme Peacock, www.graeme-peacock.com : (b). Photolibrary : JTB Photo (hd). **46** Dreamstime.com : Milosluz (bc). FLPA : Mark Newman (bd). Getty Images : Image Bank/Karin Slade (bg). Photolibrary : Jon Arnold Travel/James Montgomery (h). Science Photo Library : Fletcher & Baylis (cb). **47** Corbis : Visions of America/Joseph Sohm (cga). Dreamstime.com : Dannyphoto80 (bd/lunettes) ; Dingelstad (bg/gants) ; Christopher Dodge (bc/outils). FLPA : Imagebroker/Thomas Lammeyer (cda). Getty Images : Image Bank/David Sanger (cgb). Photolibrary : Robert Harding Travel/James Emmerson (hg). **48** Alamy Images : nagelestock.com (hg) ; Robert Harding Picture Library Ltd/Ellen Rooney (bd). USGS : (bg). **48-49** ESA : (c). iStockphoto.com : Valeria Titova. **49** FLPA : David Hosking (bg). Photolibrary : Robert Harding Travel/Tony Waltham (hg). stevebloom.com : (hd). **50** Tony Waltham Geophotos : (1) (2) (3) (4) (5). **51** Tony Waltham Geophotos : (6) (7) (8). **52** Corbis : Annie Griffiths Belt (hg). iStockphoto.com : pixonaut (h/arrière-plan). The Natural History Museum, Londres : (bg). Science Photo Library : Lawrence Lawry (cdb). 53 Camera Press : Gamma/Benali Remi (3). Science Photo Library : Tom McHugh (6) ; MSF/Javier Trueba (4) ; Smithsonian Institute (5). **54** Alamy Images : Wild Places Photography/Chris Howes (bc). Corbis : Louie Psihoyos (bc/insert) ; Scott T. Smith (bd). Science Photo Library : Martin Bond (bg). **54-55** FLPA : Nicholas & Sherry Lu Aldridge. **55** Dreamstime.com : Joe Gough (bc/insert) ; Pancaketom (h/insert). Science Photo Library : Martin Bond (bg) (hd) ; K.W. Fletcher (bc). **56** DK Images : Colin Keates/avec l'aimable autorisation de the Natural History Museum, Londres (bd). iStockphoto.com : mikeuk (bg). **56-57** The Natural History Museum, Londres : (c). **57** Science Photo Library : Jean-Claude Revy, ISM (bg). **58** Alamy Images : Danita Delimont (xhg). Dreamstime.com : Christopher Ewing (bc). Science Photo Library : Simon Fraser (hd) ; Edward Kinsman (cd) ; Michael Szoenyi (hg). **58-59** DK Images/Colin Keates/avec l'aimable autorisation de The Natural History Museum (c). **59** Dreamstime.com : Homestudiofoto (hg) ; Picturephoto (hd). Science Photo Library : Joyce Photographics (cd) (ca) ; Doug Martin (bd). **60** Alamy Images : blickwinkel/Schmidbauer (cd) ; blickwinkel/Schmidbauer (3). Dreamstime.com : Dusty Cline (3/vers de terre). iStockphoto.com : Marcin Pawinski (cd) ; Csaba Zsarnowszky (bg). Photolibrary : Animals Animals/Doug Wechsler (b) ; Animals Animals/Doug Wechsler (2). Tony Waltham Geophotos : (cg) (1). **61** iStockphoto.com : Richard Goerg (d). Photolibrary : OSF/Iain Sarjeant (cd) ; OSF/Iain Sarjeant (5). Tony Waltham Geophotos : (bg) (bd) (4) (6). **62-63** Corbis : Yann Arthus-Bertrand. **64** iStockphoto.com : Donna Poole (cg). Science Photo Library : Biosym Technologies/Clive Freeman (hd) (cda) (cdb) ; ESA/DLR/FU Berlin/G. Neukum (bg). **64-65** Dreamstime.com : Martin Green. **65** Alamy Images : bobo (cb) ; JLImages (bc). Science Photo Library : (hd) ; John Mead (hg) ; Claire Ting (bd). **68** Alamy Images : Leslie Garland Picture Library/Alan Curtis (b). Getty Images : Photonica/Kai Wiechmann (h). Photolibrary : age fotostock/Andoni Canela (c). **69** Alamy Images : Guy Edwardes Photography (h) ; NASA (bd). Corbis : Ashley Cooper (c). iStockphoto.com : techno. **70** NASA (hg). Corbis : Comet/Dale Spartas (cd) ; Roger Ressmeyer (bg). **70-71** Corbis : Atlantide Phototravel/ Stefano Amantini. **71** Corbis : Torleif Svensson (cg). naturepl.com : Jeremy Walker (cd). **72** FLPA : Mark Newman (4). iStockphoto.com : Ryan Kelly (bc). **72-73** Alamy Images : Jupiterimages/Ablestock (b). **73** Alamy Images : John C. Doornkamp (1) ; Volvox Inc/Tsuneo Nakamura (5). Corbis : Tom Bean (2). FLPA : Minden Pictures/Colin Monteath (6) ; Malcolm Schuyl (7). iStockphoto.com : Andy Hwang (h). Photolibrary : Robert Harding Travel/Dominic Harcourt Webster (3). **74** Alamy Images : Leslie Garland Picture Library/Vincent Lowe (1/insert) ; Chuck Pefley (1). Corbis : JAI/Jon Arnold (2/insert) ; zefa/Juergen Becker (2). Photolibrary : Index Stock Imagery/Eric Kamp (3). Science Photo Library : Kaj R. Svensson (3/insert). **75** Alamy Images : Jeremy Inglis (6/insert) ; Wolfgang Kaehler (5/insert) ; Stan Pritchard (4/insert). Corbis : William Whitehurst (4). Photolibrary : Index Stock Imagery/Martin Paul Ltd. Inc. (5) ; Index Stock Imagery/Eric Kamp (6). **76** Corbis : zefa/José Fuste Raga (1). FLPA : Minden Pictures/Jim Brandenburg (2). Photolibrary : Index Stock Imagery/Craig J. Brown (3). **76-77** Alamy Images : Arco Images GmbH (h) ; David Cheshire. **77** Alamy Images : Arco Images GmbH (6) ; Kuttig-Travel (5) ; Nicholas Pitt (4). **78** Alamy Images : Anthony Baker (hc). Corbis : Arne Hodalic (hd) ; George Steinmetz (hg). Dreamstime.com : Jorge Folha (bc). iStockphoto.com : Jacqueline Hunkele (bd). **79** Alamy Images : Wild Places Photography/Chris Howes (bd/insert). Corbis : Macduff Everton (hd) ; Hans Strand (hc). Getty Images : Dorling Kindersley/Stephen Oliver (bd). iStockphoto.com : Tina Rencelj (bg). **80** Alamy Images : Steve Allen Travel Photography (2). Corbis : Roger Ressmeyer (1). National Geographic Stock : Medford Taylor (bg). **80-81** Corbis : Image Source. **81** Alamy Images : Design Pics Inc/Carson Ganci (5) ; Stephen Frink Collection/Masa Ushioda (3) ; Stock Connection Distribution/Tom Tracy (6). **82** Alamy Images : John Morgan (3). Corbis : Lawson Wood (2). iStockphoto.com : Ryan Burke (hd). Science Photo Library : Karsten Schneider (1). **82-83** iStockphoto.com : bravobravo (arrière-plan). **83** Alamy Images : Peter L. Hardy (6) ; Buddy Mays (5) ; Peter Titmuss (4). Corbis : NASA/Roger Ressmeyer (7). iStockphoto.com : appleuzr (hg) ; Philip Barker (cb) ; Ryan Burke (bg) ; Brandon Laufenberg (bd). **84** Corbis : Tiziana and Gianni Baldizzone (cd). Dreamstime.com : David Hughes (bg). iStockphoto.com : DSGpro (cb). Science Photo Library : NASA (cg). **84-85** Alamy Images : composition planche. **85** Alamy Images : blickwinkel/Laule (hc) ; BrazilPhotos.com/Patricia Belo (bc). Science Photo Library : Dr Jeremy Burgess (bg). **86** Corbis : Brand X/The Stocktrek Corp (2) ; Ecoscene/Richard Glover (3). Science Photo Library : AGSTOCKUSA/Mike Boyatt (4) ; Claude Nuridsany & Marie Perennou (5). **87** Alamy Images : Pablo Paul (bg/insert). Dreamstime.com : Drx (bd) ; Pyewackett (bg). Science Photo Library : Eurelios/Karim Agabi (cd). **88** Dreamstime.com : Marc Dietrich (ca) (cdb) ; Barbara Helgason (hg) ; Beata Wojciechowska (cgb). Photolibrary : Animals Animals/Stephen Ingram (cdb/insert). Science Photo Library : Sally McCrae Kuyper (cgb/insert) (ca/insert) ; Pekka Parviainen (hg/insert). **88-89** Dreamstime.com : Mark Emge (h) ; Sebastian Kaulitzki (b). iStockphoto.com : David H. Lewis (bc). **89** Dreamstime.com : Marc Dietrich (bd) ; Barbara Helgason (hg) (c) (hd). Science Photo Library : Gustoimages (hg/insert) ; Stephen J. Krasemann (hd/insert) ; John Mead (bd/insert) ; David Parker (c/insert). **90** Corbis : Tim Wright (bd). Dreamstime.com : Jon Helgason (bg). Science Photo Library : Keith Kent (bg/insert) ; Jim Reed (hd). **90-91** Science Photo Library : Reed Timmer. **91** Corbis : epa/Skip Bolen (cg) ; Reuters/Mia Shanley (hd). Dreamstime.com : Ann piaia (bd) ; Solarseven (cd). Science Photo Library : NOAA (hg). **92** Alamy Images : ICP-Pano (5). Corbis : Godong/Michel Gounot (3). FLPA : Minden Pictures/Michael & Patricia Fogden (2). iStockphoto.com : Jakub Semeniuk (bg). **92-93** iStockphoto.com : Luca di Filippo (bc) ; fotosav. **93** Alamy Images : Gavin Hellier (6) ; Robert Harding Picture Library Ltd/Tony Waltham (7). Corbis : Robert Harding World Imagery/John Henry Claude Wilson (4). iStockphoto.com : Robert Payne (bd). Photolibrary : Picture Press/Thorsten Milse (8). **94-95** Corbis : Yann Arthus-Bertrand. **96** FLPA : Imagebroker/Alessandra Sarti (10) ; Minden Pictures/Norbert Wu (8). Science Photo Library : Alexis Rosenfeld (7) ; Peter Scoones (9). **96-97** Alamy Images : Marvin Dembinsky Photo Associates. **97** Science Photo Library : Michael Abbey (6) ; Christian Jegou Publiphoto Diffusion (11) ; Eye of Science (3) ; Steve Gschmeissner (5) ; Laboratory of Molecular Biology/Dr A. Lesk (2) ; Friedrich Saurer (12) ; Claire Ting (4). **98** Alamy Images : Andrew Darrington (bc) ; Scenics & Science (c). Ardea : Jean Paul Ferrero (cdb). FLPA : Ron Austing (bg) ; Imagebroker/Alessandra Sarti (cgb). Photolibrary : Flirt Collection/Chase Swift (bd). Science Photo Library : Jeff Lepore (cga) ; David Scharf (hd). **99** Alamy Images : Martin Harvey (b) ; Robert Harding Picture Library Ltd/Jack Jackson (bd/insert b). Ardea : David Dixon (cgb) ; Jean Michel Labat (bd/insert cdb) ; Duncan Usher (bg). Dreamstime.com : Sara Robinson (bd). FLPA : Imagebroker/Andreas Rose (bd/insert h) ; Panda Photo (bd/insert cda). Science Photo Library : Dee Breger (hg) ; A.B. Dowsett (hd) ; Eurelios/Philippe Plailly (cda) ; Steve Gschmeisser (cga) (ca) ; Maximilian Stock Ltd (hc). **100** Alamy Images : digitalunderwater.com (7) ; Stephen Frink Collection/Masa Ushioda (6). Ardea : Roy Glen (1) ; Valerie Taylor (4). Corbis : Visuals Unlimited (1/hg). Dreamstime.com : Eline Spek (d). FLPA : Gerard Lacz (3) ; D. P. Wilson (1/d). Science Photo Library : Steve Gschmeissner (1/bg) ; Andrew Syred (2). **101** Ardea : Pat Morris (15). Corbis : Reuters/NOAA (14). FLPA : Minden Pictures/Bruce Robison (11) ; Minden Pictures/Norbert Wu (12). naturepl.com : Doug Perrine (5) ; David Shale (9) (10) (13). **102** Ardea : Auscape/Dr David Wachenfeld (bc) (cdb) ; Francois Gohier (2) ; Jean Michel Labat (cda) ; Ken Lucas (cb) ; D. Parer & E. Parer-Cook (1) ; Gavin Parsons (hg) (bg) (bd) (hd) ; Valerie Taylor (3). **103** Ardea : Kurt Amsler (bc) (cdb) ; Auscape/Dr David Wachenfeld (6) ; D. Parer & E. Parer-Cook (cd) ; Valerie Taylor (h) (bg) (bd) (c). **104** Alamy Images : M. A. Battilana (bg) ; Konrad Zelazowski (cg). FLPA : David Hosking (cda). Photolibrary : OSF/Richard Packwood (cdb). **104-105** FLPA : Minden Pictures/Tim Fitzharris. **105** Alamy Images : Mike Kipling Photography (cd). Ardea : B. Moose Peterson (bd). Corbis : Momatiuk - Eastcott (cgb). Dreamstime.com : Nathalie Speliers Ufermann (cga). Science Photo Library : Jim Edds (hd). **106** Alamy Images : Arco Images GmbH/F. Scholz ; Redmond Durrell (hc). FLPA : David Hosking (bg) ; Jo Halpin Jones (cd) ; Minden Pictures/Pete Oxford (hg). **107** FLPA : Elliott Neep (bd) ; Bob Gibbons ; Tony Hamblin (hd) ; Minden Pictures/Gerry Ellis (hg) ; Minden Pictures/Katherine Feng (cb) ; Martin B. Withers (bg). **108** Corbis : zefa/Schmitz-Söhnigen (c). FLPA : David Hosking (bd) ; Winfried Wisniewski. **108-109** iStockphoto.com : Patricia Hofmeester (c). **109** FLPA : Andrew Bailey (hd) ; Elliott Neep (cd) ; David Hosking (hg) ; Imagebroker/Alessandra Sarti (bg, x) ; Minden Pictures/Tui de Roy (bd). **110** Alamy Images : Kevin Schafer (bd). FLPA : S. & D. & K. Maslowski (bg) ; Minden Pictures/Tim Fitzharris ; Minden Pictures/Tui de Roy (cg). **111** Alamy Images : Martin Harvey (cb) ; Jon Arnold Images Ltd/Jon Arnold (cd) ; Thomas Lehne. FLPA : Frans Lanting (hc) ; Minden Pictures/Michael & Patricia Fogden (bc) ; Ariadne Van Zandbergen (cg). **112-113** Corbis : epa/Ed Oudenaarden. **114** Corbis : Sygma/Herve Collart (1). FLPA : Minden Pictures/Pete Oxford (2). Photolibrary : Robin Smith (3). **114-115** Corbis : Denis Felix (b). **115** Alamy Images : Richard Cooke (4) ; Trip (6). Corbis : Louie Psihoyos (5). Dreamstime.com : Astroid (hd) ; Andrew Kazmierski (hg). iStockphoto.com : Dieter K. Henke (bc) ; studiovancaspel (bd). **116** Corbis : Gary Braasch (1) ; H. David Seawell (2). Getty Images : Aurora/Robert Caputo (3/g). Photolibrary : Robert Harding Travel/Sybil Sassoon (4). **116-17** Corbis : Brand X/Andersen Ross. **117** Alamy Images : INSADCO Photography/Willfried Gredler (8) ; Trip (5). Photolibrary : Imagestate RM/Stephen New (7). Still Pictures : Argus/Peter Frischmuth (6). **118** Alamy Images : Martin Jenkinson (h) ; Transtock Inc/Steve Crise (b). Corbis : epa/Hapag-Lloyd (g) ; zefa/Roland Gerth (d). **118-119** Corbis : Justin Guariglia. **119** Alamy Images : David R. Frazier Photolibrary, Inc. (hd). Corbis : Ron Chapple (hg) ; Comet/Jean-Pierre Lescourret (b). **120** Alamy Images : nagelestock.com (2). Corbis : Yann Arthus-Bertrand (6) ; Hemis/Hervé Hughes (1) ; Sergio Pitamitz (5). **120-121** Alamy Images : Jon Arnold Images Ltd/Walter Bibikow. **121** Corbis : Darrell Gulin (3) ; Sygma/Les Stone (8). Getty Images : National Geographic/Jonathan S. Blair (4). **122** Alamy Images : Lou Linwei (2). Corbis : Flirt/W. Cody (1) ; Martin Harvey (5) ; Michael St. Maur Sheil (4). **122-123** Alamy Images : Simon Stirrup. **123** Alamy Images : Andrew Butterton (9) ; Images of Africa Photobank/David Keith Jones (8) ; Jacques Jangoux (6) ; Terrance Klassen (10) ; Stuart Yates (7)